돈이 되는
IT 트렌드

돈이 되는 IT 트렌드

© 2021. 이임복 All Rights Reserved.

1쇄 발행 2021년 4월 12일

지은이 이임복
펴낸이 장성두
펴낸곳 주식회사 제이펍

출판신고 2009년 11월 10일 제406-2009-000087호
주소 경기도 파주시 회동길 159 3층 3-B호 / **전화** 070-8201-9010 / **팩스** 02-6280-0405
홈페이지 www.jpub.kr / **원고투고** submit@jpub.kr / **독자문의** help@jpub.kr / **교재문의** textbook@jpub.kr

편집부 김정준, 이민숙, 최병찬, 이주원 / **소통기획부** 송찬수, 강민철 / **소통지원부** 민지환, 김유미, 김수연
기획 및 진행 강민철 / **내지 및 표지 디자인** 책돼지
용지 신승지류유통 / **인쇄** 해외정판사 / **제본** 장항피앤피

ISBN 979-11-90665-86-5 (13000)
값 15,000원

제이펍은 독자 여러분의 아이디어와 원고 투고를 기다리고 있습니다. 책으로 펴내고자 하는 아이디어나 원고가 있는
분께서는 책의 간단한 개요와 차례, 구성과 저(역)자 약력 등을 메일(submit@jpub.kr)로 보내 주세요.

NEW NORMAL

위기와
변화의 시대에
일하고,
배우고,
소비하는 법

돈이 되는
IT 트렌드

뉴 노멀 시대에 앞서가는 디지털 비즈니스 읽기

이임복 지음

제이펍

들어가는 글

생각해보지도 못했다.

1년 이상 마스크를 쓰고 다니게 될 줄은, 사람들을 만나게 되지 못하는 일도….

2020년 3~4월까지, 불안했지만 믿음은 있었다. 아쉽게도 그 믿음은 오래가지 않았다.

각자의 삶이 각자 서로 다르니 이 시기를 견뎌내는 방법도 달랐다. 코로나19 시대를 살며 어떤 이들은 힘들게 견뎌야만 했고 어떤 이들은 오히려 더 부자가 됐다. 2~30대의 젊은 부자들이 늘어났고, 전설처럼 비트코인으로 돈을 번 후 회사에 사표를 던지고 나왔다는 이야기도 들렸다. 정부의 거리두기 단계를 지키는 사람을 꽉 막힌 사람이라 비웃기라도 하듯 거리두기 단계가 올라가도 여전히 여행을 즐기는 사람들이 있었고, 여전히 유흥을 즐기는 사람들이 있었다. 그 반대편에는 일을 구하지 못한 프리랜서, 버티다 못해 문을 닫은 자영업자, 권고사직을 받은 직장인들이 있었다.

각·자·도·생.

이 말이 머릿속에서 떠나지 않았다. 각자의 힘으로 헤쳐나가야 하는데, 문제는 각자의 힘만으로는 많이 부족하다는 것이다. 어떻게 해야 할까? 코로나19는 아직 끝나지 않았고, 앞으로도 이어질 게 분명해 보인다. 이제 어떻게 생존해야 하는 걸까?

수많은 고민 가운데, 쉽게 그 고민을 해결해주겠다는 다양한 광고들이 범람하기 시작했다. 누구나 스마트 스토어로 월 1,000만 원을 벌 수 있고, 누구나 유튜브로 수익을 올릴 수 있고, 누구나 자신의 재능으로 돈을 벌 수 있다는 광고들이 여기저기서 자꾸만 보였다. 물론 이렇게 성공하는 사람들도 있다. 하지만 누구나 그렇게 성공할 수는 없다. 전략이 잘못되었을 수도 있고, 자금이 부족할 수도 있고, 노력이 부족할 수도 있다. 어떤 방법이 되었든 결국 성공하는 사람들만 계속 성공하는 것처럼 보인다.

어떻게 해야 할까?

우선 현재를 이해해야 한다. 위기의 순간에 빠르게 새로운 것을 시작하는 것도 좋지만, 현재 상황을 정확히 파악하는 일이 가장 중요하다. 급하게 움직이면 더 수렁에 빠질 뿐이다. 그것이 이 책을 쓴 이유이기도 하다. 우리 주변의 이야기들을 하나씩 정리하고 이해해가는 가운데 새로운 기회와 그동안 우리가 놓치고 있었던 것을 발견했으면 한다.

뉴 노멀 시대의 정의, 코로나19의 일상에서 우리가 기억해야 할 키워드, IT에 대한 이해, 코로나19 이후 일의 변화, 코로나19 이후의 학교와 교육, 뉴 노멀 시대의 소비에 대해 정리하고 어떻게 미래를 대비해야 할지 필자의 의견을 이 책에 담았다.

여기에서 정리한 여섯 개의 키워드가 뉴 노멀 시대의 모든 것들을 설명해주지는 못할 것이다.

　하지만 적어도 지금의 흐름을 정리하고, 무엇을 해야 하는지 계획을 세우기 위한 충분한 디딤돌은 되어줄 수 있을 것이다. 위기의 시대를 나만의 기회로 만들 것인지, 아니면 그대로 도태할 것인지는 각자의 선택에 달려 있다. 그 선택에 이 책이 도움 되기를 바란다.

이임복 드림

차례

NEW NORMAL

1
뉴 노멀의 시대

우리의 생활 속으로 들어온
뉴 노멀,
2008년의 위기
그리고 2020년의 위기

2020년, 코로나19로 인해 세상이 멈췄다. 4차 산업혁명의 물결을 시작으로 끊임없이 확장되던 공유 경제 사업도, IT와 전혀 상관없어 보이던 회사들도, 학교도, 개인의 삶도 멈추고 말았다. 일상이 멈췄고 우리는 쉽게 예전의 삶으로 돌아가지 못하고 있다. 언젠가 끝날 거라고 기대했던 희망이 끝까지 버텨보자는 다짐으로 바뀌기까지는 긴 시간이 걸리지 않았다.

2019년 12월 중국에서 시작된 코로나19 바이러스는 석 달도 채 되지 않아 전 세계를 집어삼키는 범유행 전염병이 되었다. 우리나라는 'K방역'의 성공으로 코로나19가 조금씩 진정되는 듯했지만 신천지, 이태원, 광화문 집회 등 코로나19가 잠잠해질 만하면 하나씩 악재들이 터지며 상황이 다시 원점으로 돌아가곤 했었다. 2020년 4월, 5월이 되자 '코로나19 이후'를 담은 책들이 서점에 나왔고, 컨설팅 회사들은 '코로나19 이후'를 담은 보고 자료들을 내놓았다. 하지만 모두 소용없는 일이 되고 말았다. 2021년 초까지도 코로나19는 끝나지 않았고, 누구도 이제 미래를 예측할 수 없게 되었으니 말이다.

이제는 코로나19 이후의 삶을 기다리며 버티는 'After Covid'가 아니라, 어떻게 해서라도 돌파구를 찾아 적응해야만 하는 'With Covid'가 더 중요해졌다. 2021년이 된 지금, 코로나19 키워드를 인터넷에 검색하면 공통적으로 나오는 것들이 있다. '코로나19로 인해', '코로나19로 더 빨라진', '코로나19가 앞당긴'. 다양한 책과 보고서에서도 공통적으로 찾을 수 있는 키워드가 있다. 바로 '뉴 노멀'이다. 글로벌 컨설팅 업체 알릭스파트너스(AlixPartners)는 '단 7개월 만에 일어난 7년 치의 변화'라는 부제를 단 보고서에서 뉴 노멀 트렌드로 탈세계

화의 가속화, 효율성보다 회복탄력성의 우위, 디지털 전환^{(digital}

^{transformation)}의 촉진, 소득 수준과 건강 관심을 반영한 소비의 변

화, 신뢰의 중요성 등 다섯 가지의 변화를 꼽았다.[1] 한편 전략

컨설팅 회사 맥킨지^(McKinsey)에서는 2020년 패션산업 전망 보

고서에서 코로나19로 인한 극심한 소비 감소를 예측, 위기가

일상화된 '뉴 노멀' 시대의 스피드와 적응력을 강조했다.[2] 이 이

야기들은 결국 코로나19가 우리의 삶을 빠르게 변화시키고 있

고, 이제 다시 예전의 삶으로 돌아갈 수 없음을 암시한다.

  뉴 노멀은 코로나19 시대에 처음 등장한 용어는 아니다.

뉴 노멀은 2003년 IT 거품이 있었던 그 당시에 처음 쓰였던

말이고, 5년 후인 2008년 금융위기 때 다시 등장한 단어이다.

금융위기를 촉발한 서브프라임 모기지 사태로 미국발 글로벌

금융위기가 일어났고 이후 저성장, 저물가, 저금리의 3저 현상

이 지속되게 된다. 미국 정부는 금융기관에 자금을 지원했으나

---

1 <코로나 시대에 주목해야 할 5대 뉴 노멀 트렌드>(https://www.ibank.co.kr/news/page.
dg?seq=45&lang=ko)

2 <소비시대 저물고 위기 일상화되는 '뉴 노멀'이 온다>(https://www.ktnews.com/news/
articleView.html?idxno=114912)

정작 금융회사의 경영진은 경영 정상화는 뒤로 하고 그들끼리 보너스 잔치를 벌이는 부도덕한 운영을 계속했다. 결국 2010년 리먼 브라더스는 파산했고, 이것은 "우리가 99%"라고 외치는 '월가를 점령하라' 시위로 이어지게 된다.[3]

정리하자면, 뉴 노멀이란 모두에게 정상이었던 평온한 일상이 바뀌는 것, 정상이 비정상이 되고, 비정상이 정상이 되는 시대를 의미한다. 그런데 이 금융위기 속에서 어떻게 세계는 침체와 혼란에서 벗어날 수 있었을까? 게다가 미국은 침체를 넘어서서 호황을 이루기까지 했다. 그 이유 중 하나로 바로 '디지털·모바일 혁명'을 꼽을 수 있을 것이다.

----

3 <부 싹쓸이 '월스트리트'가 미국 망친다>(http://www.hani.co.kr/arti/economy/economy_general/500246.html)

디지털,
새로운
질서가 되다

2008년 금융위기 이후 수많은 기업들이 사라졌다. 반면 어떤 기업들은 살아남았고 승자가 됐다. 그 차이 중 하나가 바로 '디지털'이다. 금융위기 당시 금융기관들은 서민들과 자영업자들에게 대출을 해주지 않았다. 이런 상황에서 당장 돈이 필요한 사람들은 어떻게 했을까? 이 해답을 디지털 기술로 풀어낸 회사들이 주목을 받았다. 대표적인 회사가 바로 소파이(SoFi)다. 2011년 스탠포드대학교 경영대학원에 재학 중이던 마이크 캐그니는 스탠포드대학교의 졸업생이 후배 재학생에게 낮은 금리로 돈을 빌려주는 서비스를 계획하고 실행에 옮겼다. 이것이 개인 사이의(P2P) 거래 중계 플랫폼 소파이의 시작이다. 창업 이후 이 회사는 소프트뱅크 등으로부터 3조 원 이상의 투자를 받았고, 2018년 모바일 은행을 인수하면서 성공한 회사가 됐다.

디지털 기술의 활용으로 승자가 된 회사는 금융 시장뿐 아니라 모든 곳에 존재한다. 전기차 회사 테슬라(Tesla), SNS 제국을 만든 페이스북(Facebook), 이 모든 것들이 금융위기 이후의 성과다. 디지털 변화의 시작에는 스마트폰이 있었다. 금융위기가 닥치기 1년 전, 2007년 애플(Apple)은 혁신적인 스마트폰인 아이폰을 시장에 선보였다. 2008년에는 아이폰 3G가, 2009년에는 아이폰 3GS가 출시됐다. 모바일이 바꾼 세상은 지금도 지속적으로 세계 질서를 바꾸고 새로운 글로벌 기업을 탄생시키며 새로운 부를 생산해내고 있다. 우리나라도 마찬가지다. 2009년 아이폰 3GS가 KT를 통해 들어오며 고립된 갈라파고스 섬이라 불리던 국내 모바일 시장에 변화가 일어났다. 그 후 지금까지 일어난 변화와 혁신은 새로운 부를 창출해내고 있다. 이를 세 가지 요소로 정리해볼 수 있다.

첫째, 스마트폰의 빠른 보급이다. 국내 스마트 기기 보급률은 몇 퍼센트일까? 멀리 갈 것도 없이 우리 주변을 둘러보자. 이제 스마트폰이 없는 사람은 없다. 심지어 2~3개를 들고 다니기도 하고, 태블릿까지 들고 다니는 사람도 많다. 2019년 집계된 공식 자료에 따르면 국내 스마트폰 보급률은 95%로 전 세계 1위를 차지하고 있다.[4] 이제 모두가 스마트폰 없이는 살 수 없게 되었으니 모바일 기기를 활용한 산업 발달은 가속화될 수밖에 없는 상황이다.

둘째, 인터넷 통신망이다. 1998년 IMF 외환 위기 당시 김대중 대통령은 소프트뱅크의 손정의 회장에게 조언을 구했다. 그는 한국이 나아갈 방향으로 브로드밴드(broadband)를 세 번이나 강조했다. (브로드밴드란 하나의 전송 매체에 여러 개의 데이터 채널을 제공하는 광대역 인터넷, 일반적으로 초고속 인터넷망을 이야기한다.) 지금 우리나라는 브로드밴드 전 세계 1위로 어디에서나 다양한 기기로 인터넷에 접속해 초고화질 영상, 게

---

4 <국민 95%가 스마트폰 사용…보급률 1위 국가는?>(https://news.kbs.co.kr/news/view.
   do?ncd=4135732)

임은 물론 다양한 정보를 빠르게 처리할 수 있는 기술을 가지고 있다. 만약 집이나 회사처럼 특정 공간에서만 빠른 인터넷 사용이 가능했다면 지금과 같은 발전은 없었을 것이다. 스마트폰의 보급과 인터넷 통신망의 발전이 지금의 모바일 혁명을 이끌었다고 볼 수 있다.

마지막 요소는 바로 저렴한 모바일 서비스 비용이다. 2020년은 그야말로 <미스터 트롯>의 해였다. 코로나19 때문에 집에서 답답하게 지내던 중·장년층은 트로트 가수 선발 오디션 프로그램에 열광했다. <미스터 트롯>의 인기가 한창일 때 어르신들은 집에서 TV로 본방, 재방, 특집을 보는 데 그치지 않고, 밖에서 산책을 하거나 운동을 하거나 지하철이나 버스에서도 유튜브로 <미스터 트롯> 관련 영상을 시청했다. 아마 10년 전에 밖에서 인터넷으로 영상을 보고 또 봤다면 1분만 봐도 요금 폭탄을 맞았을 것이다. 지금은 어떨까? 요즘은 카페에서 와이파이 비밀번호를 묻지 않는 사람들이 많다. 무제한 데이터를 쓰는 사람이 늘었기 때문이다. 6~7만 원의 비용으로 무제한 데이터를 쓸 수 있고, 알뜰폰을 사용하면 한 달에 2만 원도 안

되는 금액으로 무제한 데이터, 전화, 문자 사용이 가능하다. 어르신들은 어르신 요금제 2~3만 원의 금액으로 속도 제한이 있어도 어디서나 무제한으로 데이터를 쓸 수 있다. 언제든 연결할 수 있는 단말기, 어디서나 연결이 가능한 네트워크, 저렴한 서비스 비용까지, 이 세 가지 키워드는 지난 10년 동안 한국의 모바일 혁명을 가속화시켰다.

10년간
끊임없이
성장한 회사들

모바일 혁명의 시기를 잘 활용해 성공한 회사들을 살펴보자. 먼저 카카오톡(KakaoTalk)이 빠질 수 없다. 전 국민의 스마트폰 메신저가 된 카카오톡이 등장한 건 2010년이다. 그런데 왜 우리는 카카오톡에 열광하며 메시지를 주고받기 시작했을까? 바로 카카오톡이 공짜 문자 메시지였기 때문이었다. 문자 메시지를 보낼 때마다 2~30원을 내야 하던 시절이 있었다. 엄밀히 이야기하자면 카카오톡 메시지 전송 역시 모바일 데이터를 사용하는 것이니 완벽한 공짜는 아니었지만 사람들은 여기에 열광했고, 전 국민의 스마트폰에 카카오톡 앱이 설치되게 되었다. 물론 카카오톡 메시지에는 과금이 되지 않으므로 사람들의 사용이 늘면 늘수록 비용이 늘어나 카카오톡은 적자에 시달릴 수밖에 없었다. 하지만 애니팡이라는 카카오게임이 성공하면서 카카오톡은 성장 계기를 마련했고, 다음(Daum) 인수, 카카오페이, 카카오모빌리티, 카카오뱅크 등으로 사업 영역을 늘리는 동시에 카카오는 이제 우리 일상의 플랫폼으로 자리 잡게 되었다. 이것이 불과 10년도 채 되지 않은 이야기다.

이커머스(전자상거래) 플랫폼 쿠팡(Coupang)도 이 열풍에서 빼놓을 수 없다. 메르스, 코로나19 등 위기가 올 때마다 이를 기회로 성장하고 있는 쿠팡은 2010년 7월에 설립되었다. 쿠팡은 창업 초부터 '언젠가는 망할 기업'이라는 얘기를 들었다. 소프트뱅크의 비전펀드가 쿠팡에 20억 달러를 투자하고 해마다 매출은 커져 겉으로는 잘되는 것처럼 보이는 회사였지만 한편으로 쿠팡은 끊임없는 적자에 시달리고 있었다. 그런데 쿠팡이 망한다는 그 '언젠가'가 10년이 넘었고, 오히려 그동안 다른 기업들이 더 위험해졌다. 쿠팡은 10년간 물류 센터를 탄탄하게 만들었고, 로켓와우 멤버십을 확장하며 이제는 아시아의 아마존이 되기 위한 준비를 하고 있다.

"우리가 어떤 민족입니까"를 외치던 배달 앱 배달의민족(배민)은 2011년에 등장했다. 중국집에 전화를 하지 않고 앱으로 주문하는 세상이 올 줄 누가 알았을까. 간편 송금 서비스 앱을 선보이며 핀테크에 대한 관심을 모으고, 증권과 은행업으로 사업을 확장하고 있는 토스의 시작은 2015년이었다.

불과 10년 동안 국내 모바일 시장을 이끄는 엄청난 회사들이 생겼다. 만약 시곗바늘을 돌려 10년 전에 이 회사들의 잠재력을 알았더라면 어땠을까. 그때 이 회사들에 투자했다면? 과거로 돌아갈 수 없으니 미래를 생각하며 질문을 바꿔보자. 앞으로 10년 동안 제2의 쿠팡, 제2의 카카오가 될 회사는 어디일까? 혹은 지금 당신이 다니는 회사가 그렇게 되려면 어떻게 해야 할까?

성공한 기업에는 분명 성공을 이어갈 수 있는 DNA가 있었다. 이런 회사들이 성공한 이유가 단순히 운이 좋았거나 자신들에게 유리한 트렌드를 지금 맞이했기 때문이라고만 볼 수는 없다. 오래전 싸이월드와 네이트온처럼 한때 시장을 주름잡던 회사들이 디지털 경제가 활발해지는 기회의 순간을 잡지 못한 건 어떻게 해석해야 할까. 최근 코로나19 상황에서 쿠팡 같은 이커머스 기업들의 성공 요인을 비대면 경제의 활성화 때문이라고 말하기도 한다. 여전히 운이 좋았다는 이야기도 나온다. 그런데 쿠팡의 폭풍적인 성장은 이번이 처음이 아니다. 이미 2015년 메르스 사태 때도 똑같은 이야기가 있었다. 위기가 올 때 쿠팡은 성장하는데 당신과 나, 우리 모두는 왜 제자리걸음일까.

새로운 질서가 확립되는 뉴 노멀의 시대에 기존 시장의 절대 강자가 사라지고 새로운 기업들이 그 자리에 들어오는 기회가 나타나고 있다. 게임의 룰이 바뀌었다. 이 게임에서 살아남는 방법은 하나다. 변화한 시대의 흐름, 새로운 규칙을 빠르게 숙지하고 대응하는 것. 이제 다시는 예전으로 돌아갈 수 없으니 새로운 시작을 우리의 기회로 만들어가야만 한다.

그렇다면 이 위기 속에서 제2의 카카오, 배달의민족, 쿠팡이 될 회사는 어디일까. 그런 곳에 투자를 한다면 혹은 우리도 그런 사업을 한다면 위기를 기회로 만들 수 있지 않을까. 많은 회사들이 있겠지만 그중 하나, 일상에서 찾을 수 있는 기회를 살펴보자.

코로나19 때문에 집에 있는 시간이 길어지자 잘 보이지 않았던 것들이 눈에 들어오기 시작한다. 사람들이 정리 정돈이 되지 않았던 물건들을 정리하기 시작한다. 게다가 예능 프로그램 <신박한 정리>까지 인기를 끌며 정리 열풍에 불이 붙었다. 정리의 기본은 '버리기'다. 나에게 필요 없는 물건을 버려야 하는데 버리자니 아깝고 남에게 그냥 주자니 좀 그렇다. 이런 흐름 속에서 성장한 회사가 있다. 어디일까? '당신 근처의 마켓'의 줄임말인 당근마켓은 시대의 흐름을 타고 주목을 받았다.

당근마켓은 2020년 6,557개 지역에서 1억 2,000만 회 사람들을 연결시켰다. 월간 사용자 수(MAU, Monthly Activity User)는 1,230만 명으로 연간 거래액은 1조를 넘어섰다.

어떻게 이런 일이 가능했을까. 중고 물건 거래에는 항상 사기의 위험이 있었다. 그런데 당근마켓은 내가 있는 곳에서 반경 4~6km 내의 사람들하고만 채팅을 하고 직거래를 하니

사기당할 위험이 적어진다. 쉽게 거래할 수 없다는 불편함이 신뢰로 자리잡게 된 케이스다. 중고 거래 외에도 무료 나눔, 재능기부 등으로 당근의 서비스는 확장되고 있고 당근마켓은 이제 지역밀착형 앱으로 성장하고 있다. 이밖에도 다양하게 성장 중인 회사들을 더 찾을 수 있지 않을까?

뉴 노멀 시대를
맞이할
준비를 하라

혹시 지금 자신의 일과 생활이 디지털과 아무런 관련이 없다고 생각하는가? 아니다. 모든 것은 디지털로 연결되어 있다. 외식이 꺼려지는 시기지만 어떤 식당은 가게 앞에 줄을 서서 기다려야 할 정도로 손님이 많다. 식당의 본질은 음식 맛이다. 하지만 아무리 음식이 맛있어도 사람들이 직접 먹어보지 않으면 그 맛을 알 수 없다. 이제 사람들은 직접 음식 맛을 보기 전에 다양한 디지털 채널을 이용해 음식의 맛을 가늠해보고 방문하거나 배달을 시킬지 결정한다. 이런 상황에서 입소문이 나 있는 곳이라면 문제가 없겠지만, 새로 시작하는 가게들은 경쟁을 위한 출발선에 서기도 힘든 시대가 되었다. 이제 고객이 오지 않는다면 고객에게 가야 하는 시대가 되었다. 배달을 시작한 식당이 늘어난 건 바로 이 때문이다.

변화에 가장 민감한 건 당장 생계가 불안정한 사람들이다. 취업준비생, 프리랜서, 자영업자, 중소기업 근로자, 대기업 근로자로 나누어 생각해보자. 이중 가장 변화에 둔감한 사람은 일반 근로자다. 코로나19로 인해 사회적 거리두기가 강화되고, 비대면이 강화되면 자영업자와 프리랜서의 경우 강제 휴직이 시작된다. 매장 문을 열어도 손님은 오지 않고, 손님이 와도 큰 매출은 일어나지 않는다. 하지만 매출이 줄었다고 매달 나가는 고정비가 줄어드는 건 아니다. 결국 줄일 수 있는 것들을 줄이는 과정에서 인건비를 줄이게 된다. 여기서 1차로 타격을 입는 건 아르바이트를 하는 학생들과 취업준비생이다. 학비를 벌기 위해, 생활비를 벌기 위해 최저임금을 받으며 생활하는 이들이 일할 곳이 줄어들었다. 평생 직장이 아닌 다음 직업으로 가기 위한 중간 디딤돌형 일자리가 사라져버렸다. 그 여파는 고스란히 그들의 부모들에게도 미치게 된다. 인건비를 줄여도 고정 비용이나 임대료 부담은 여전하다. 결국 코로나19 사태가 장기화되면서 그동안 버티던 가게들이 하나씩 문을 닫기 시작했다. 그 여파는 임대인에게도 미치게 된다. 임대인이 이자를 못 내니 은행 수입이 줄어든다. 변화는 결국 모든 곳에 영향을 미치고 있다.

중소기업 근로자의 경우, 매달 꼬박꼬박 월급이 나오는 건 변하지 않는다. 다만 사장은 죽을 맛이다. 매출은 줄지만 고정 비용은 그대로 나가기 때문이다. 그래서 일단 파견직과 계약직을 자른다. 팀을 축소한다. 무급 휴가를 준다. 대기업들은 인원을 축소하고, 명예퇴직을 앞당기기 시작한다. 말이 좋아서 명예퇴직이지 40대 한창 건강한 나이에 퇴직을 해야 한다는 사실은 사람들을 두렵게 만든다. 물론 그렇지 않은 조직들도 있다. 안전한 조직에 몸담고 있는 근로자들은 코로나19 때문에 사회적 거리두기가 강화되어도 크게 문제를 느끼지 못한다. 조금 불편할 뿐이다. 그래서 간곡한 정부의 요청에도 회식은 계속되고 접대는 이어진다. 아닌 것 같은가? 강남과 종각에 나가보면 바로 확인할 수가 있다.

그렇다면 코로나19가 끝나고 변화된 세상에 누가 가장 빠르게 적응할 수 있을까? 당연한 이야기지만 역순이다. 아르바이트에서 쫓겨난 학생들은 현재 탈잉, 숨고 등을 통해서 소규모 과외나, 프리랜서로 활동하며 돈을 벌고 있다. 최근 유튜브 크리에이터가 급증한 것도 같은 이유에서다. 손재주가 있는 사람은 인스타그램과 유튜브에서 인기를 모은 후 자신만의 굿즈를 파는 사업으로 확장을 시도하고 있다. PC방을 운영하던 사장님은 당장 큰 수익이 되지 않더라도 PC를 개인들에게 대여해주거나, 배달의민족에 등록해 PC방 음식을 판매·배달하기 시작했다.

다시 이야기하지만 이런 움직임만으로 원래 매출을 다시 메우기란 어렵다. 예전 같은 황금기가 다시 올 수 있을까? 아무도 모를 일이다. 긴 어둠이 끝나고 그 이상의 빛이 비추게 될지 아니면 흐림 상태가 지속될지 아무도 모른다. 그러니 '우리는 무조건 잘될거야'라는 무한 긍정보다 지금 자신이 할 수 있는 일을 하면서 빠르게 적응할 힘을 키워야만 한다.

디지털 혁신은 많은 곳의 일자리를 줄이고 변화를 일으키고 있다. 이 변화가 지금 당신의 상황에서 한걸음 떨어져 있는 듯 보여도 당신이 만약 지금 미리 준비하지 않는다면 경쟁의 절벽에서 모든 것을 다시 시작해야 할지도 모를 일이다.

2
코로나19 이후의 일상:
더 불안해지고 더 멀어진다

뉴 노멀의 시대에는 어떤 일이 일어날지 아무도 예측할 수 없다. 우리가 예상할 수 있는 건 지금 현재를 바탕으로 한 오늘과 내일뿐이다. 그렇기에 코로나19가 지금 우리에게 미친 영향을 살펴보면 언젠가 코로나19가 끝나고 난 이후에 이어질 기회를 발견할 수 있지 않을까? 코로나19로 인한 일상의 변화는 Safety, Unrest, Digital Contact, 세 가지 포인트로 정리해볼 수 있다.

Safety, 안전의 일상화

첫째, 안전의 일상화다. 우스갯소리로 '코로나19 이후 남자들이 화장실에서 손을 씻기 시작했다'라는 말이 있을 정도로 개인 건강과 안전에 신경을 쓰는 사람들이 늘어났다. 정말로 남자들은 화장실에서 손을 잘 씻지 않았다. 그나마 대충 물로 닦는 경우가 많았다. 하지만 지금은 다르다. 애플워치와 갤럭시 핏 등 웨어러블 디바이스에 손 씻기 알림이 들어간 것만 봐도 일상에서의 위생이 달라진 걸 알 수 있다.

마스크를 쓰는 삶 역시 마찬가지다. 그래도 우리나라에서는 예전부터 마스크 착용이 꽤나 익숙한 상황이었다. 중국발 미세먼지나 황사 때문에 미세먼지용 마스크를 쓰고 다니던 상황이었고 집에도 비치해뒀기 때문이다. 하지만 마스크를 '꼭 써야 하는 것'과 '안 써도 되는 것'은 확연히 다르다. 젊은이들 사이에서 황사 마스크가 아닌 검은색, 형광색 등 다양한 마스크가 패션 아이템으로 등장한 것에서도 알 수 있듯 코로나19가 끝난 후에도 사람들은 계속해서 마스크를 쓰고 다닐 것이다. 마린 세르의 250달러(약 290만 원)짜리 필터 마스크, 오프 화이트의 100달러(11만 원)짜리 면 마스크 등 고가의 패션 마스크는 물론 나이키, 아디다스, 뉴발란스, 갭 등이 지속적으로 패션 마스크를 생산하는 것이 그 이유이기도 하다.

덕분에 2020년에 감기 한 번 걸리지 않았다는 사람이 많았다. 그동안 얼마나 많은 일상의 공간 속에서 감기 바이러스가 전파되고 있었을까. 그래서 2020년에 감기약을 주로 판매하는 제약회사의 매출은 급감했다고 한다. 이렇듯 작아 보이는 하나의 일이 산업 전반을 넘어 개개인이 다니는 회사에도 그 영향을 미치고 있는 중이다.

이것을 기회로 이 시장에 새로운 상품이 등장하기 시작했다. 바로 '마스크 줄'과 'DIY 마스크'다. 보통 마스크를 쓰고 다니긴 하지만 잠깐 물을 마시거나 식당에 갈 때 어딘가에 마스크를 벗어두어야 하는데 마땅한 곳이 없어 마스크를 잃어버리거나 난감했던 경우가 한 번쯤 있었을 것이다. 대부분 식당 테이블 위에 마스크를 놓거나 아니면 마스크를 호주머니 안에 접어서 넣기도 했을 것이다.

현대백화점 마스크 봉투

얼마 전 현대백화점 목동점 식품관에 갔을 때의 일이다. 식사를 하기 전 식당에서 손님들에게 비닐봉지를 나누어 주며 마스크를 넣으라고 권했다. 앞으로는 이런 사소한 친절과 배려가 서비스에 큰 영향을 미치게 될 것으로 생각된다.

코로나19는 장소 선택에도 많은 영향을 미쳤다. 식당과 술집에서 '우리들만의 공간'인 방에서 식사를 하고, 이왕이면 야외 테라스가 있는 쪽 테이블을 선호하게 됐다. 커피를 마실 일이 있다면 테이크아웃을 하거나 꼭 야외 테이블을 선호하게 됐다. 거리두기가 2단계로 격상될 경우 카페에서의 착석은 불가하고 테이크아웃만 가능해지니 이제 더 이상 카페의 분위기 만으로는 승부 할 수 없게 되었다.

코로나19로 거리두기가 격상됨에 따라 '프랜차이즈 선호 현상'은 더 심해졌다. 2020년 8월 파주 스타벅스에서 확진자가 나와 당분간 스타벅스 매출에 큰 영향이 있을 거라 생각했었다. 하지만 그렇지 않았다. 2020년 3분기 기준으로 스타벅스는 95곳의 신규 점포를 추가해 총 1,473곳으로 매장을 늘렸고, 매출 역시 전년 동기 4.7% 이상 증가했다. 뭔가 이상하지 않은가?

스타벅스 입구

프랜차이즈 점포에 들어갈 때 고객은 전자출입명부를 찍고, 체온 측정을 해야만 한다. 손소독제 배치는 기본이다. 이런 불편함이 코로나19 확산 방지책으로 인식되고 각인되었다. 그런데 2.5단계 이상으로 거리두기 격상이 되어도 일부 점포에서 수기식 명부 작성도 제대로 진행하지 않는 경우가 있었고 손소독제가 떨어져도 교체하지 않는 경우가 있었다. 점포에서는 "손님들이 싫어한다"고 이야기하지만 뒤돌아서서 SNS에 올리는 게 요즘 손님이다. 앞으로도 코로나19 확산 방지를 위한 테이블 사이의 넓은 간격, 손소독제 등 다양한 방역 도구들은 계속 유지되고 대세가 될 것으로 보인다.

사람들의 여행도 달라졌다. 해외로 여행을 가지 못하는 사람들의 첫 번째 선택지는 제주도였다. 2020년 9월 추석 연휴가 시작되었던 9월 26일부터 10월 4일까지 제주도에 28만 명의 관광객이 방문했다. 9월 30일부터 5일간 이어진 연휴에 15만 8,000명이, 2019년 26만 6,000명보다는 적지만 하루 평균 3만 명이 넘는 사람들이 제주도를 찾았다.

아이들이 원격으로 학교 수업을 듣게 되자 한 달 살기를 시작한 가족들도 있었다. 먼 곳이 아니라 가까운 곳은 어떨까. 호텔에서는 가족들만의 프라이빗한 공간을 '호캉스' 상품으로 내놨고, 인근 공원이나 사람의 흔적이 뜸한 곳으로 알려졌던 강천섬 같은 곳은 캠핑족의 성지로 자리 잡았다. 캠핑용품 판매가 급증한 건 당연한 일이다. 캠핑족들을 겨냥해 기업들의 굿즈 마케팅도 다양해졌다. 스타벅스는 레디백을, 베스킨라빈스는 캠핑 의자 등 기업들은 무엇이든 캠핑과 연관된 제품을 선보였다.

한국관광공사에서 밝힌 2020년 1월에서 5월까지의 캠핑장 수요는 전년 대비 73% 증가했고, 코로나19로 인해 판매가 높아진 캠핑용품 시장은 네이버가 218% 성장, 홈플러스는 117%, 트레이더스의 매출은 147% 이상 증가했다.[5]

이에 캠핑을 넘어 자신의 차에서 자고 오는 여행인 '차박'이 유행하기 시작했다. 문체부에서 코로나19 발생 전후 1년간 SNS 게시물 1,400만 건의 자료를 분석한 결과 '차박' 언급량

---

5 <코로나 속 주요 기업 실적 분석㉟ 캠핑산업>(https://www.sisaweekly.com/news/articleView.html?idxno=33569)

은 기존 대비 223%나 증가했다. 자동차 회사들은 새롭게 출시하는 차량을 '차박하기 좋은 차'로 마케팅하기도 했다. 국내 완성차 업체들의 실적도 이를 뒷받침했다. 대형 SUV 판매량은 2020년 12만 대를 넘겼는데, 2018년에 2만 대 넘게 판매된 것에 비하면 이전 대비 배가 넘는 판매 실적을 올린 것이라 볼 수 있다.

Unrest,
불안의
일상화

앞에서 이야기했듯 대부분의 가정들은 고정적인 수입에 대한 불안을 떨쳐내지 못했다. 지금 당장의 수입이 줄어든 사람들은 단기 일자리를 찾기 시작했고, 수입이 있는 사람들도 불안한 상황에서 '부업'을 찾기 시작했다.

이렇게 새롭게 만들어진 하나의 생태계를 긱 이코노미$^{(gig}$ $^{economy)}$, 이 플랫폼에서 일하는 사람들을 긱 워커$^{(gig\ worker)}$라고 부른다. 긱 워커의 원래 의미는 어느 한 곳에 소속되지 않고 일하는 프리랜서·비정규직을 의미했으나 지금은 부업과 배달 운송업으로 그 의미가 넓어지고 있다. 부업은 다시 두 가지 형태로 나누어진다. 하나는 창업이고, 두 번째는 자신의 전문성을 바탕으로 한 프리랜서 계약 플랫폼을 이용하는 방식이다.

'네이버 스마트 스토어'는 2020년 대표적인 창업 도구로 자리잡았다. 코로나19가 한참이었던 4~5월에만 6만 5,000건의 새로운 점포가 네이버에 생겼다. 2020년 10월 네이버에서 공개한 <D-커머스 리포트 2020>을 보면 2020년 상반기 네이버 스마트 스토어 매출 발생 판매자 중 48%가 가입 후 1년 이하, 처음 시작하는 사람들이었다. 스마트 스토어 전체 매출액은 60%, 연 매출 3억 원 미만의 거래액 역시 90% 이상 증가했다.[6] 이렇게 많은 사람들이 스마트 스토어에 뛰어든 이유는 네이버 스마트 스토어가 소자본, 무자본으로 창업이 가능한 플랫폼이었기 때문이었다.

한편 팔 물건이 없는 사람들은 자신의 전문성을 팔기 시작했다. 대표적인 기업으로 미국의 업워크(Upwork)가 있는데 이곳은 일자리가 필요한 개인들과 일을 맡기고자 하는 회사 혹은

6 네이버 파트너 스퀘어 <D-커머스 프로그램>(https://partners.naver.com/startup/main)

개인을 연결하는 일자리 플랫폼이다. 코로나19 이후 업워크 매출은 23%, 주가는 277% 상승했다. 국내의 대표적인 일자리 플랫폼으로는 크몽(Kmong)과 숨고(Soomgo)가 있다.

숨고는 일자리를 맡기고자 하는 사람에게, 수주하고자 하는 개인이 견적을 보내는 형태로 이루어진다. 2019년 말 1,000만 건이었던 견적 수는 2020년 말 2,000만 건이 될 정도로 사람들의 이용량이 늘었다. 2020년 3분기까지 조사된 데이터를 바탕으로 등록한 전문가 숫자는 50만 명, 전체 이용자는 370만 명인데 이중 전업으로 일을 하고 있는 긱 워커는 15만 명으로 추산된다.

크몽 역시 8만 명 이상의 전문가, 누적 거래 수 180만 건, 등록 서비스 26만 건을 돌파했다. 크몽에서 코로나19 이후 성장한 분야 중 하나로 전자책 시장이 있다. 2020년 3월에서 8월 사이 전자책 분야는 4배 이상 성장해 1,000종이 넘는 전자책이 팔리고 있다. 자신만의 노하우인 '영업 방법', '이메일 작성법', '타오바오 활용법' 등을 PDF 형태의 파일로 판매해 100만 원 이상의 수입을 올리는 사람들도 늘어나고 있는 추세다.

배달 운송업 역시 지속적으로 증가하고 있다. 이 분야는 코로나19 때문에 모든 일자리가 줄어드는 가운데 폭발적으로 성장한 일자리다. 쿠팡 플렉스, 배민 커넥트가 대표적이다. 쿠팡 플렉스에 신규 가입한 사람들의 경우 2019년, 212명 가량에서 2020년 5월에는 5,000명 이상으로 늘어 25배 이상 증가했으며 2020년 말, 약 1만 명 정도로 추산되고 있다.[7]

배달의민족에서 배달을 하는 사람들은 배민 라이더와 배민 커넥터, 두 그룹으로 나누어진다. 라이더가 정규직이라면 커넥터는 초단기직, 긱 워커다. 2019년 12월, 1만 명에서 7월에는 3만 명, 12월에는 5만 명을 넘어 5배나 증가했다. 가입 조건 역시 아주 쉽다. 만 19세 이상의 성인이라면 누구나 도보, 자전거, 킥보드를 타고 배달할 수 있다. 근무 시간 역시 자유롭다. 원하는 시간에 아무 때나 할 수 있지만 일주일에 20시간까지만 가능하다. 부업이란 취지 때문이다. 그렇다면 수입은 얼마나 될까. 배달의민족에서는 2020년 4월에서 5월 기준 시간당 평균

----

7 <쿠팡플렉스·배민커넥터 계속 느는데...보험 가입률은 고작 1%>(https://www.lcnews.co.kr/news/articleView.html?idxno=10055)

1.5만 원의 수입을 배달로 올릴 수 있다고 발표했다.

편의점들 역시 직접 배달에 뛰어들었다. 대표적으로 GS 리테일은 '우딜'(우리동네 딜리버리)이란 이름으로 자동차 없이, 자전거 없이 도보로 배달 가능한 서비스를 내놓았고, CU 역시 네이버를 통해 스마트 주문을 하면 3,000원의 배달비로 편의점 상품들을 배달받을 수 있는 서비스를 시작했다. 2020년 8월 1,000명으로 시작한 우딜은 12월 말 4만 5,000명이 등록한 상태이며, 무려 45배나 폭발적으로 증가했다.

도보 배달이기에 반경 1.5km까지만 배달할 수 있고 배달비는 건당 2,800원에서 3,200원까지 받을 수 있다. 배민 라이더나 우딜을 경험한 사람들의 공통적인 이야기는 '큰돈이 되지는 않지만 충분히 할 만하다'라고 이야기한다. 코로나19가 진정된다고 해도, 늘어난 배달 물량은 쉽게 줄어들지 않을 것으로 보인다. 앞으로도 배달과 관련된 틈새 일자리는 계속 늘어날 것으로 보인다.

판매와 노동 외에도 불안 심리는 투자에도 영향을 미쳤다. 부동산 규제로 인해 투자 방향을 잃은 돈들과 소액이라도 수익을 올리고자 하는 돈들이 주식시장에 모여들었다. 국내 주식에 투자하는 '동학개미운동'뿐 아니라 미국의 기술주에 과감히 배팅하는 '서학개미운동'도 벌어졌다. SK바이오팜, 카카오게임즈, 빅히트 등 평소에는 관심도 없던 공모주에 영혼까지 끌어 모아 투자를 하는 사람들도 늘었다. 결국 코스피는 2021년 1월에 3208이란 최고 피날레를 기록했고, 2019년 610만 명이던 주식 투자 인구수는 2020년 12월 대략 1,000만 명까지 늘었다.

Digital Contact, 비대면의 일상화

마지막 키워드는 비대면 시대의 디지털 콘택트다. 코로나 19로 인해 비대면은 일상이 됐다. '언콘택트(uncontact)'도 맞는 말이지만 생각해보면 사람들이 서로 접촉하지 않는 건 아니다. 실제론 다른 사람들과 24시간 동안 항상 디지털 도구를 활용해 소통하고 있으니 말이다. 앞으로 디지털 콘택트가 중요한 이유는 디지털이 우리의 일상이며, 소통의 기본이 될 것이기 때문이다.

코로나19로 인해 재택근무가 길어지고 회사에서는 재택

근무를 위한 시스템을 갖추기 시작했다. 재택근무를 위한 툴이 없는 곳들은 관련 서비스를 구축하거나 임대해서 사용하기 시작했고 덕분에 마이크로소프트, 구글 모두 2020년에 수익이 늘었다. 특히 온라인 화상 회의 서비스인 줌^(Zoom)은 2020년 3분기 7억 7,720만 달러로(약 8,400억 원) 2019년 대비 367% 늘었고, 주가는 무려 450% 상승했다.

우리의 생활을 한 번 살펴보자. 집에서 지내는 시간이 압도적으로 길어졌다. 외식보다는 배달, 학교에 못 가는 아이들은 원격으로 수업을 듣는다. 영화관에 가기보다는 넷플릭스, 왓챠와 같은 OTT 서비스들을 이용했다. 2020년은 이러한 비대면 산업들이 끊임없이 성장한 해였다. 코로나19가 진정되고 나면 모든 활동이 다시 대면 중심으로 돌아가게 될까? 아니면 계속 비대면만 사용하게 될까? 둘 다 아니다. 이미 비대면 구축이 끝난 회사들은 들어간 비용과 시간이 있으니 어떻게 해서든 이 툴을 활용할 수밖에 없는 상황일 것이다.

한 번 생각해보자. 지방과 서울에 본사와 지점이 있는 회사의 경우 회의를 진행하기 위해서는 어느 한쪽이 이동해야 한다. 처음 사업을 진행하는 자리라면 만나서 이야기해야 할 것들이 있겠지만 프로젝트가 진행되는 중에는 굳이 만날 필요가 없다. 비대면 업무를 위한 화상 회의 시스템은 예전부터 있었고 잘 갖추어져 있었다. 그럼에도 불구하고 회사에서는 그동안 사용하지 않았었다. 하지만 코로나19로 인해 강제로 화상 회의와 재택근무를 경험했으니 이렇게 쌓인 경험들이 쉽게 사라지지는 않을 것이고 우리의 일상도 많이 바뀌게 될 것이다.

쇼핑도 마찬가지다. 마켓컬리의 새벽 배송과 쿠팡의 로켓 배송을 경험한 사람들은 예전 방식으로 돌아가지 않을 것이다. 동네 가게에 가는 대신 생필품을 앱으로 주문해서 배송 받았던 사람들은 계속해서 앱으로 주문을 할 것이다. 음식 배달 서비스를 사용하지 않던 수많은 사람들이 앱을 이용하고 난 후 계속해서 배달을 이용할 거라고 예측하는 건 당연한 이야기다.

이렇듯 사람과 사람 사이의 떨어진 거리를 디지털 기술이 연결시키기 시작했다. 디지털 콘택트를 잘 활용하는 기업, 디지털 콘택트를 활용하지 않는 기업, 둘 중 어느 회사가 살아남게 될까. 이미 답은 정해져 있다. 결국은 소통이 핵심이다. 2021년은 디지털 도구를 활용해 고객들과 어떻게 소통을 해나갈 것인가가 더욱 중요한 해라고 할 수 있다.

3
돈이 되는 IT의 이해

비대면 시대,
생존을 위해
IT의 이해는
반드시 필요하다

A.I 딥러닝, 딥마인드. R, 빅데이터, 데이터 마이닝, 블록체인, 프라이빗 블록체인, 퍼블릭 블록체인, IoT, 엣지 컴퓨팅, 클라우드 컴퓨팅, Sass, Pass…. 모두 4차 산업혁명과 관련된 용어들이다. 이 책을 읽는 당신은 이 용어 중 얼마나 많은 단어를 이해하고 있는가. IT와 관련된 일을 하고 있지 않거나, IT 용어에 익숙하지 않다면 굳이 몰라도 되는 용어들이다. 이런 용어들을 명확히 알고 있다고 해서 우리 삶이 크게 좋아지지도 나빠지지도 않으니 말이다.

그런데 삼성전자, 네이버, 카카오, 현대자동차, 셀트리온, 이런 회사들은 어떤가. 이 회사들의 이름을 모르는 사람은 없을 것이다. 우리와 함께 살아왔고, 살아가고 있으며 앞으로도 항상 만나게 될 우리 주변의 회사들이기 때문이다.

코로나19 이슈가 세상을 덮치자 세계 증시는 급격하게 하락했다. 폭락이 이어지는 상황에서 국내 주식 시장 역시 떨어질 수밖에 없었다. 2020년 3월 코스피 지수는 장중 1457까지 떨어졌다. 그런데 2020년 12월 기준으로 주가를 회복한 것도 모자라 2873에 도달했다. 도대체 무슨 일이 일어난 걸까? 보통 기관과 외국인이 주식을 팔기 시작하면 일반인들도 따라서 주식을 팔게 되고 그렇게 되면 주가 폭락이 일어난다. 이때 파는 쪽이 있으면 사는 쪽이 있기 마련이다. 주식을 사는 일반인들을 '개미'라고 하며 이런 물량을 받아내는 개미는 '개미가 실패했다. 주식 투자는 기관을 이길 수 없다'란 기사들과 함께 손실을 입기 마련인데, 이번에는 뭔가 달랐다.

주가는 떨어지면 언젠가는 회복한다. 이 사실은 모두들 알지만 문제는 이 '언젠가'가 언제인지 모른다는 게 사람들을 기다리지 못하게 만든다. 부동산 투자와 주식 투자의 차이가 여기에 있다. 부동산은 일단 사고 나면 목돈이 들어가기 때문에 다른 투자를 생각할 여유가 없다. 집값이 내려가도 당장 집을 팔 수 없고, 오르더라도 거주하고 있을 경우 바로 팔기가 어렵다. 따라서 본인이 원하지 않아도 장기 투자가 될 수밖에 없다. 반면 주식은 매일, 장이 열리고 있는 중이라면 언제든 매수, 매도 주문을 할 수 있기 때문에 주가가 떨어지고 오를 때 하루에도 수백 번씩 마음이 흔들릴 수밖에 없다. 그래서 주식은 기본적으로 단타일 수밖에 없다.

많은 시간이 흐르면서 사람들에게 학습된 주식이 있다. 바로 삼성전자다. '그때 삼성전자를 샀더라면…' 누구나 이런 생각을 한 번쯤 하지 않았을까? 기회가 왔다. 2020년 3월 주가 폭락의 시점, 한 달간 주식 계좌를 새롭게 개설해 뛰어든 일반 투자자들의 숫자만 130만 명, 삼성전자 주주 수는 162만 8,598명으로 2019년 말보다 154%나 증가했다. 삼성전자가 한마디로 너와 나, 우리 모두가 살 수 있는 국민주가 된 것이다. 삼성전자의 주가는 상승했고 개미들은 큰 수익을 올리게 되었다. 그리고 이를 '동학개미운동'이라고 부르게 됐다. 개미들의 움직임은 국내에만 머물지 않았다. 30~40대가 주축이 된 스마트한 이들은 이미 해외 기업에도 관심을 갖고 있었다. 이 기업들 역시 항상 우리가 사용하는, 우리가 잘 알고 있는 회사들이다. 해마다 11월이면 다이어리 굿즈 이벤트를 하는 스타벅스, 모델3 판매로 국내 1위 전기차 판매 회사로 올라선 테슬라, 아이폰의 애플, 마이크로소프트, 아마존, 코로나19 시대의 대표적인 화상회의 도구인 줌까지. 2020년에는 일반인들의 해외 주식 매수가 거침없이 이어졌고 결과적으로 국내 일반인들의 테슬라 주식 보유량은 2020년 8월 기준 4.3조로, 10대 주주에 버금갈 정도였다. 국내에 투자한 동학개미와 대비하여 국외에 투자한 이들을 '서학개미'라 부리기 시작했다.

애플, 아마존, 엔비디아, AMD 등의 회사가 어떤 일을 하는지 50~60대 이상은 모르는 경우가 허다하다. 하지만 이 회사들은 30~40대에게는 익숙하다. 우리가 매일 사용하는 아이폰의 애플, 게임을 좋아하는 사람이라면 잊지 못하는 그래픽카드의 선두주자 엔비디아, 하루에도 두세 번씩 가게 되는 스타벅스, 이 회사들에 대해 알고 투자했다면 단순히 주가가 문제가 아니라 이 회사가 계속해서 성장할 수 있느냐를 보게 되고 긴 시간도 기다릴 수 있게 된다. 아쉽지 않은가. 이미 10년 이상 매일 써온 카카오톡, 하루에도 수십 번씩 사람들에게 카톡을 보내면서 왜 카카오 주식을 한두 주 사서 모을 생각을 못했을까. 하루에도 수십 번씩 네이버에 무언가를 검색하면서 네이버 주식을 사지 못한 이유는 뭘까? 이제 달라질 필요가 있다.

'공모주'는 어떤가. 주식 투자도 어렵지만 공모주 투자는 더 어렵다. 공모주란 어떤 회사가 주식시장에 상장하기 전 사전에 주식을 판매하는 걸 말한다. 예를 들어 세컨드브레인연구소가 주식시장에 상장한다면 시작 시점이 되는 한 주의 가격이 있어야 한다. 이 가격을 시초가, 공모가라고 이야기한다. 상장을 주관하는 기관들끼리 모여서 '이 정도 가격으로 하자'라고 합의를 한 후 상장하기 전 기관이나 일반인들에게 투자를 받는다. 공모가가 1만 원으로 결정되면 투자자들은 1만 원으로 주식을 살 수 있는 '기회'를 얻는다. 기회라고 하는 이유는 주식이 상장되어 거래되는 첫날, 대부분 공모가보다 주가가 상승하기 때문이다.

2020년, 시장을 흔들었던 세 회사의 상장이 있었다. 바로 SK바이오팜, 카카오게임즈, 빅히트다. SK바이오팜에 투자한 사람들이 집을 샀다더라, 차를 바꿨다더라는 소문이 돌았다. 공모가 4만 9,000원이었던 SK바이오팜은 상장 첫날 12만 원 이상 올라 159%나 상승했다. 공모주를 샀던 사람들의 경우 당연히 대박이 났고, 그렇지 않았던 사람들도 첫날 매수를 통해 꽤 괜찮은 수익을 올릴 수 있었다. SK바이오팜의 성공 이후 사람들은 '오, 공모주 투자가 괜찮구나'라고 판단했다. 이어 카카오게임즈 공모주는 2만 4,000원, 1,542대 1의 경쟁률을 보이며 관심을 이어갔다. 급기야 일반인 공모주 물량이 20%밖에 되지 않으니 늘려달라는 청원이 있었고, 결국 2020년 말 일반인 공모주 물량은 30%로 늘어났다.

여기서 공모주 신청에 대해 알아볼 필요가 있다. 앞에서 이야기했던 것처럼 카카오게임즈의 공모가는 2만 4,000원으로 정해졌다. 그런데 이 가격에 사고 싶은 사람들이 너무 많아져 경쟁률이 1,524:1에 이르게 되었다. 모든 사람들에게 주식을 나눠줄 수 없으니 신청한 금액에 대비해 주식이 배정된다. 따라서 공모주 청약을 할 때 최대한의 돈을 끌어 모아서 신청 가능한 주식수로 청약을 하게 된다. 만약 1주를 받았다면 '1주*공모가=2만 4,000원'만 신청 금액에서 빠져나가고 나머지 금액은 돌려받게 된다. 안전하게 다시 돌려주기에 공모주 청약을 하려는 사람들은 3~4일 정도 단기간만 목돈이 있으면 된다. 그래서 이때 돈을 빌려서 공모주 청약을 하고 4일 뒤에 돈을 갚는 전략을 쓰는데, 이게 2020년에 유행한 '빚투'다. 계획대로 주가가 두세 번 상한가까지 갈 경우 대출 이자를 내더라도 오히려 이익이 된다. 하지만 계획대로 주가가 오르지 않으면 문제가 생긴다. 이익을 보지 못했는데 대출금 갚을 날이 돌아오니 말이다. 그리고 돈을 갚는다고 해도 단기간 이자를 생각해 보면 투자하지 않는 게 더 좋았을지도 모를 상황이 된다.

자, 지금까지 동학개미운동, 서학개미운동, 공모주 투자까지 알아보았다. 의미하는 바가 있지 않은가. 동학개미운동에서 일반인들이 선택했던 주식은 '내가 잘 아는 주식'이었다. 내가 잘 아는 주식은 단기투자로는 매력적이지 않다. 오래되고 큰 기업일수록 급격한 주가 상승을 이끌기 힘들기 때문이다. 다만 믿을 수 있는 주식이기에 '사서 오를 때까지 기다린다'가 가능한 안전 투자의 영역이다.

서학개미운동으로 가면 '심리'가 작용하기 시작한다. 전통적인 주식 시장의 PER 분석이나 대차대조표를 공부할 필요도 없다. 오로지 믿는 건 자신의 감과 촉이다. 그래도 여기까지는 아는 투자에 속한다. 스타벅스를 마시며, 아이폰을 쓰고, 테슬라를 탄다면 자신의 일상에서 발견한 주식 투자가 되지 않겠는가. 하지만 공모주로 가면 상황이 바뀐다. 대박이 날지 쪽박이 날지 모르지만 그래도 괜찮겠지라는 생각으로 일단 투자를 한다. 투자에 관심 없던 사람도 자꾸 이야기를 듣다 보면 투자를 하고 싶고, 실제로 투자를 하게 된다.

2007년 중국펀드 열풍 때도 이런 현상이 있었다. 당시 4000대였던 상하이 종합지수가 6000대로 치솟으며, 남녀노소 할 것 없이 누구나 '중국펀드 하나쯤' 가입하는 분위기가 있었다. 2006년 3조 원대였던 중국펀드가 17조 6,000억으로 급등했을 정도이니 말이다. 거기에다 대부분의 중국펀드 수익률이 100%를 넘다 보니, 투자하지 않으면 안 될 것 같은 불안감이 생길 수밖에 없었다. 문제는 2008년부터였다. 리먼 사태 이후 상하이 지수는 65% 이상 급락했고, 2007년 출시 후 보름 만에 4조 원 설정액을 모았던 미래에셋 인사이트펀드는 50% 손실을 보았다. 7년이 지난 후 2014년 6월에서 2015년 6월까지 다시 140% 상승했지만 그때까지 기다린 투자자들은 거의 없었다.

남들을 따라하는 무작정 투자가 아니라 중국에 대해 공부하고, 여윳돈으로 투자했다면 조금은 다른 결과가 있지 않았을까?

비트코인을 비롯한 다른 코인에 대한 투자도 마찬가지다. 너도 나도 투자를 했던 2017년 비트코인은 약 2,100만 원까지 올랐고, 2018년 말에는 300만 원가량, 2020년 3월에는 500만 원대로 폭락했다가 2021년 초 4,000만 원대까지 급등했다. 비트코인의 가격이 오르니, 비트코인이 아닌 다른 코인에도 투자자들의 관심이 생기게 되고, 코인 대부분이 급등했다. 그런데 비트코인과 블록체인이 만들어가는 새로운 금융 시장의 가능성에 대해 제대로 알고 투자하는 사람은 별로 없다. 잘 알지 못하는데도 불구하고, 자고 일어나면 엄청나게 솟아 있는 가격 때문에 투자하지 않으면 안 될 것 같은 불안감과 소외감을 느꼈기 때문일까. 아무런 가치도 없어 보이는 코인에 투자하는 일까지 현재 일어나고 있다. 그래서 투자자들은 이 열풍이 꺼질까 봐 두려워하고 있다.

IT에 대한 이해가 필요한 이유가 여기에 있다. 단기적으로는 지금 어떤 곳에 투자해야 할 것이냐는 판단을 내리는데 필요하고, 거시적으로 앞으로 어떤 회사를 선택해야 하느냐, 어떤 사업을 준비해야 할 것이냐, 아이들 교육을 어떻게 시킬 것이냐… 다양한 곳에, 그야말로 우리 인생에 많은 영향을 미치기 때문이다.

이번에는 일상의 영역을 살펴보자. 2020년 3월에서 4월까지 마스크 부족으로 모두가 힘들 때, 코로나19가 언제 끝날지 모른다며 마스크를 미리 구매하는 열풍이 불었다. 여기에 더해 누군가는 마스크 공장을 돌려서 강남에 건물을 샀다더라

등 '카더라' 통신이 나오고, 미리 사두었던 마스크를 비싼 가격에 되파는 일도 벌어졌다. 정부에서 공적 마스크를 지급하기로 결정해 1인당 하루에 두 장씩 마스크를 살 수 있게 되었는데 이 또한 전쟁이었다. 근처에 있는 약국에 공적 마스크 재고가 있는지 확인해야 했기 때문이다. 이를 해결한 것 역시 디지털이었다. 쉽게는 네이버 지도에서도 근처에 있는 약국의 마스크 재고를 확인할 수 있게 되어 누군가는 줄을 서지 않고도 마스크를 구매할 수 있었다. 디지털을 잘 활용하는 사람과 아닌 사람들의 차이가 여기에 있었다.

강화된 사회적 거리두기에 따른 전자출입명부 사용도 마찬가지였다. 처음에는 유흥시설 위주로 진행이 되었지만 곧 음식점, 카페, 독서실 등 다수가 모이는 곳에서는 전자출입명부 인증을 반드시 해야만 했다. 처음에는 익숙하지 않았지만 네이버와 카카오를 통해 인증하도록 강제되다 보니 시간이 지날수록 쉽게 인증하는 사람들이 많아졌다. QR코드 인증은 전혀 어렵지 않은 일이지만 한 번도 해보지 않았던 사람들에게는 무척 어려운 일이었다.

코로나19 덕분에 많은 사람들이 사용하게 된 것 중 하나로 '지역화폐'가 있다. 각 지역마다 적용되는 화폐가 다르고 혜택도 다르지만 고용안전자금, 긴급지원금과 더불어 신청과 사용도 모바일을 통해서 진행되었다. 디지털을 잘 사용하는 사람들은 정부 지원금 신청을 위해 서류를 준비하고 스캔해 제출하는 일을 집에서 해결했지만, 이것이 어려운 사람들은 직접 센터에 가서 신청해야만 했다.

학교의 변화도 빼놓을 수 없다. 2020년 내내 아이들이 학교에 갈 수 없는 날이 더 많았다. 학교에 가지 못하는 아이들은 개강도 방학도 아닌 어정쩡한 상태에서 한 해를 보내야 했다. 처음으로 도입된 EBS 실시간 라이브 특강은 아이들과 함께 집에서 일을 해야 했던 수많은 직장인들을 구원했다. 하지만 한 학기 내내 진행되는 강의가 아니었다. 아이들은 사회적 거리두기 단계가 낮아지면 일주일에 한두 번 학교를 가고 남은 시간은 집에서 '온라인 클래스'로 수업을 들었다. 온라인 클래스 대부분은 유튜브에 있던 영상을 짜깁기해서 올려둔 것들이어서 아이들이 유튜브 영상을 보는 건지 공부를 하는 건지 모르겠다는 의견이 나오기 시작했다. 곧 줌을 통한 라이브 출석이 한두 시간 정도 이어졌다. 또한 아이들의 숙제를 파워포인트로 제출해야 하는 일도 생겼다. 여기서 문제가 발생했다. 일단 집에 노트북이 없거나, 웹캠이 없는 사람들은 부랴부랴 구매를 해야 했고 구매할 여력이 없는 사람들은 스마트폰으로 접속을 해야 했다. 이처럼 디지털을 활용해야 하는 일들은 늘어나는데, 아이들이 수업을 들을 때마다 부모들이 항상 옆에 있을 수 없으니 대안이 필요해졌다.

재택근무는 또 어떤가. 집에서 일을 하면 편하고 효율적일 것 같지만 길어질 경우 문제가 생긴다. 회사와 관련된 업무용 자료들은 회사 컴퓨터에 있거나 서버에 저장되어 있으니 말이다. 작은 회사라면 공유 드라이브를 통해 문서를 공유해 일을 하면 되지만 큰 조직이라면 보안 문제 때문에 이렇게 하기가 어렵다. 이미 스마트 툴을 이용해 일을 해왔던 사람들은 회사에서 가상사설망(VPN) 등 원격으로 회사 컴퓨터에 접속해 일을 하라고 했을 때 이미 알고 있는 방식이니 불편하지 않았다. 재택근무가 시행되며 구글 드라이브, 마이크로소프트 365 등의 서비스 이용을 회사에서 오히려 적극 권장하기 시작했고, IT에 익숙한 사람들은 물 만난 물고기처럼 빠르게 업무 처리를 했다. 하지만 이런 서비스를 처음 써본 사람들은 답답할 뿐이었다. 특히 관리자 이상의 직급에서 이런 상황이 나타났다. 회사에서는 모르면 누군가에게 물어보거나 시키면 되는데 집에서는 물어볼 사람도 시킬 사람도 없었기 때문이다.

일하는 방식은 무섭게 달라지고 있다. 회사에 책상과 컴퓨터가 있어야 일할 수 있었던 시대는 이제 어디든 인터넷, 노트북만 있다면 일할 수 있는 환경으로 바뀌고 있다. 이것이 가능해진 이유는 역시 IT의 발달, 그중에서도 '클라우드' 시스템 덕분이다. 일의 방식이 어떤 식으로 달라졌고 어떤 준비를 해야하는지에 대해서는 앞으로 다룰 '뉴 노멀 시대의 기업'에서 더 자세하게 이야기해보도록 하겠다.

안타깝게도 코로나19 이슈는 2021년에도 끝나지 않을 것 같다. 이제는 끝나겠지 하고 생각했던 기간들이 길어지고 있고, 거리두기 1단계와 2단계가 반복되면서 사람과 사람간의 거리는 더 멀어지고 있다. 멀어진 사람들의 거리를 채우고 있는 건 디지털이다. 디지털의 활용과 이해는 이제 필수다. 활용 방법을 모른다면 뒤쳐지는 것 이상, 생존까지 위협받는, 가진 것을 지키는 것을 넘어 빼앗길지도 모를 세상이 바로 지금이다.

IT에 대한 이해는 크게 두 가지 면에서 필요하다. 하나는 트렌드의 이해다. 투자를 한다고 가정했을 때, 테슬라가 어떤 회사인지, 내년에 전기차 시장 전망은 어떻게 될 것인지, 엔비디아는 어떤 회사인지 등 막연했던 것들을 깊이 있게 찾아보고 공부하며 트렌드와 연결점을 찾으면 된다. 이 과정에서 내가 어떤 회사에 투자를 해야 하는지, 지금 하는 일에서 어떤 준비를 해야 하는지 알 수 있게 된다.

둘째, 실제 경험이다. 듣는 것만으로, 보는 것만으로는 충분하지 않다. 직접 해봐야 내 것으로 만들 수 있다. 로봇 레스토랑이 있다면 직접 가서 경험해보고, 간편결제에 대한 이야기를 들었다면 사용해봐야 한다. 직접 경험하는 가운데 어떤 불편함과 편안함이 있는지, 왜 사람들이 이런 서비스를 이용하는지 확인해야 실제로 우리의 일상에 적용할 수 있고 기회를 발견할 수 있을 것이다.

뉴 노멀의 시대,
위기를
기회로
도약하는 IT 회사들

앞으로 5년 후 세상은 어떻게 달라질까? 아무도 모른다. 코로나19 이후의 미래를 예측하기란 더 어려운 일이 됐다. 그럼에도 불구하고 지금, 우리의 일상을 통해 아주 길지 않은 5년, 약간의 미래는 예측할 수 있을 것 같다. 앞으로 5년, 코로나19의 위기 속에서도 많은 수익을 올리고 있는 회사들을 국외와 국내 각각 일곱 개씩 정리해보도록 하자.

국외 기업

테슬라

국내 1위 전기차 판매, 전 세계 1위, 시가총액 1위. 테슬라는 해외 주식 투자자들이 가장 많은 관심을 가지고 투자하는 회사이기도 하다. 테슬라는 앞으로 5년 동안 살아남을 수 있을까? 물론이다. 일론 머스크의 한마디에 테슬라의 주가가 출렁이고, 꿈에 가까운 프로젝트를 추진하다 보니 그를 믿을 수 없다는 이야기가 들리기도 한다. 한때 납기일도 맞추지 못해 테슬라 차량은 항상 늦게 인도받는다는 이야기도 있었지만 이제 물량을 맞추는 것은 물론 전기차 판매량 1위에, S&P 500 지수에 편입되며 시장에서 인정을 받기 시작했다.

2020년 테슬라는 배터리 데이에서 반값 배터리와 자율주행 두 가지를 이야기했다. 전기차는 무엇보다 배터리 때문에 가격이 비싸진다. 일론 머스크의 반값 배터리 선언은 2,000만 원대의 보급형 전기차에 대한 이야기로 이어졌다. 이 말은 전기차 배터리 제조사들이 혁신을 통해 가격을 낮추지 않으면 3년 후부터는 테슬라의 자체 배터리에 밀리게 될 거라는 선포이기도 하다. 또한 현재 완성차 제조사들은 물론 전기차 라이벌 회사들에게도 전기차의 단가를 낮추라는 경고로 해석할 수 있다.

애플

애플은 앞으로 더 성장할 수 있을까? 물론이다. 2020년 애플은 네 가지 가능성을 보여줬다. 첫째, 최초로 인텔이 아닌 자체 생산한 M1칩을 탑재한 맥 시리즈를 선보였다. 애플은 계속해서 아이폰, 아이패드, 맥북으로 연결된 생태계를 만들려고 추진 중이었다. 여기에 빠져 있는 게 바로 핵심 칩이었다. 이제 아이폰에서, 아이패드에서, 맥북에서 연결된 앱을 이용할 수 있어 사용 편리성은 더 높아졌고, 애플의 생태계는 더 견고해졌다.

둘째, 라이다(LiDAR)를 탑재한 아이폰이다.

라이다는 보통 자율주행차에 쓰인다. 자동차가 스스로 운전하기 위해서는 주변 사물에 대한 인식이 필요한데, 라이다는 주변에 '빛'을 쏜 후, 사물에 맞고 돌아오는 시간을 계산해 물체와의 거리를 측정한다. 이 속도가 초당 수백만 번이기에 주변 사물을 정확하게 인식, 빠른 대응도 가능하다. 그렇다면 아이폰에 들어간 라이다는 어떻게 쓰일 수 있을까. 우선 사진을 찍을 때 주변 배경을 날리고 인물을 부각시켜주는 인물 사진 모드가 더 좋아졌다. 일반 카메라에서 '아웃포커싱'이라 불리는 기능이다. 이것만이 아니다. 라이다를 통한 깊이 측정으로 사물의 3D 스캔이 가능해졌다. 이를 통해 증강현실(AR) 분야도 발전하게 된다. 예를 들어 이케아나 한샘의 앱을 통해 집안에 가구를 가상으로 배치해보는 일이 더 정교하게 가능해진다. 여기에 더해 애플 글래스가 출시된다면 가상현실 분야에서 애플은 독보적인 기업이 될 가능성이 크다.

셋째, 애플워치가 보여준 헬스케어 시장의 지속 가능성이다. 애플워치가 OS7로 업그레이드된 후 가장 눈에 띄는 건 바로 손 씻기 기능이다. 손을 씻기 시작하면 20초 타이머가 자동으로 시작되고, 손을 더 잘 씻을 것을 권한다. 간단해 보이지만 이건 애플워치의 모션 센서, 마이크, 머신러닝이 작용한 결과이다. 이미 애플워치는 심박수 측정, 심전도 측정은 물론 혈중 산소 측정까지 가능하다. 이런 데이터를 바탕으로 애플은 지속적으로 헬스케어 분야의 선두 자리를 유지할 것으로 보인다.

　마지막으로 주목할 건 홈팟 미니다. 애플 제품은 예쁘지만 비싸다는 평이 일반적이었다. 그런데 2020년 말 애플은 인공지능 스피커 홈팟의 미니 버전을 발표하며 전혀 애플스럽지 않은 가격 99달러에 이 제품을 출시했다. 의미는 명확하다. 스마트홈 시장을 장악하겠다는 뜻. 이미 아마존의 알렉사와 구글홈이 절반 이상의 점유율을 보이고 있는 이 시장에서 애플이 어떻게 스마트홈 분야를 점유할 것인지 지켜볼 필요가 있다.

엔비디아

그래픽 카드, GPU로 유명한 엔비디아는 이제 명실공히 인공지능 회사다. 끊임없이 기술혁신을 거듭하며 '4차 산업혁명으로 가는 길에 엔비디아의 영토를 밟지 않는 것은 불가능하다'라는 선언을 한 엔비디아는 급기야 2020년 반도체 설계 최고 회사인 ARM을 소프트뱅크에서 400억 달러(약 47조 원)에 인수하기로 합의했다. 엔비디아의 강점은 자율주행 플랫폼도 있다. 아우디는 엔비디아의 플랫폼을 이용해 자율주행차를 만들었고, 벤츠와도 역시 협업 중이다. 국내의 현대자동차 역시 2022년 출시하는 전 차량에 엔비디아의 인공지능 플랫폼을 탑재하기로 했다. 또한 엔비디아는 "메타버스의 시대가 오고 있다"는 선언과 함께 이를 위한 플랫폼 '옴니버스'를 중개하기도 했다. 그렇다면 엔비디아 역시 5년을 넘어 그 이상의 가치를 주목해야 하는 기업이다.

소프트뱅크

손정의 회장이 이끄는 소프트뱅크는 2020년 초 코로나19 이슈 이후 고전을 면치 못했다. 하지만 전 세계 스타트업 1,000곳이 넘는 곳에 투자한 소프트뱅크는 알리바바, 티모바일, 일본 소프트뱅크 주식을 매각해 67조 가량의 유동성을 확보했다.

더 의미가 있는 건 전략 전환이다. 모두가 알고 있듯이 손정의 회장은 인공지능에 투자하는 걸로 유명하다. 그는 앞으로 인공지능뿐 아니라 다양한 곳에 자금을 투자하는 종합 투자회사로 거듭나겠다고 선언했다. 이 말은 상장사와 비상장사를 가리지 않겠다는 의미로 보인다. 그동안 투자의 귀재로 알려진

손정의 회장의 다음 10년, 4차 산업혁명에서 거론되는 거의 모든 것에 투자를 시작한 그의 행보를 주목해야 할 필요가 있다.

아마존

아마존은 미국 1위의 이커머스 회사다. 홀푸드 인수를 통해 이미 오프라인 진출까지 했지만, 가장 큰 매출은 온라인에서 일어나기에 코로나19를 비롯해 어떤 오프라인 악재가 오더라도 전혀 문제가 없는 회사이다.

2020년 하반기 아마존은 2018년 인수했던 약 배달 서비스 업체 필팩을 '아마존 파머시'로 변경해 정식으로 서비스를 시작했다. 운영 방식은 간단하다. 아마존 파머시에서 약을 주문하고자 하는 사람은 자신이 다니던 약국에 이야기를 하기만 하면 아마존 파머시에서 처방전을 이관받는다. 혹은 처음부터 의사에게 아마존 파머시로 처방전을 보내줄 것을 요구해도 된다. 이렇게 처방전이 도착하면 아마존 파머시에서는 약을 봉투에 담아 집으로 배송해준다. 당뇨병 등 주기적으로 약을 챙겨 먹어야 하는 사람들이 이 서비스의 대상이다. 이것은 아마존의 기존 사업 모델과 가장 잘 어울리는 사업으로 보인다.

여기에 더해 아마존은 '헤일로(Halo)'라는 이름의 스마트 밴드를 출시했다. 디스플레이 없이 손목에 차는 밴드 형태의 이 디바이스는 기존의 액티비티 트래커처럼 만보계, 수면 측정 등 다양한 역할을 기본으로 수행한다. 또한 수집된 헬스 데이터를 분석해 결과를 알려주고 도움을 주는 헬스케어 역할까지 도맡으려 하고 있다. 한편 아마존은 2020년, 12억 달러를 투자해 자율주행 스타트업 '죽스(Zoox)'를 인수했다. 이런 투자를 통해 아마존이 얻고자 하는 건 물류 이동을 위한 자율주행 트럭뿐 아니라 차에서 다양한 서비스를 받는 인포테인먼트 시장으로의 진출이기도 하다. 모든 것을 파는 회사에서 모든 것을 관리하는 회사로 바뀌고 있는 아마존, 아마존의 주가는 아직도 높고 갈 길은 멀다.

마이크로소프트

2014년 사티아 나델라로 대표가 바뀐 후 5년 만에 '잠자는 공룡을 깨웠다'는 평가와 함께 몰락해가던 마이크로소프트가 다시 위대해졌다. 이것을 가능하게 했던 핵심 전략 중 하나가 바로 '클라우드'다. 오피스 365에서 이름을 바꾼 '마이크로소프트 365'는 코로나19 이슈와 함께 재택근무를 시작한 기업에게 좋은 선택지가 되었다. 2020년 초, 줌 화상 회의가 주목받기 시작하자 비즈니스 메신저 팀즈를 개편해 화상회의 시스템을 탑재하는 등 코로나19 위기를 기회로 만들려는 노력을 지속했고 그 결과 마이크로소프트는 높은 점유율과 매출로 보상을 받게 되었다.

다만 2019년에 기대를 모았던 듀얼 스크린 태블릿 서피스 듀오는 1,399달러라는 비싼 가격과 성능 문제로 좋은 평가를 받지 못했다. 이어 연말 출시하기로 했던 듀얼 스크린 윈도우 태블릿 서피스 네오도 기약 없이 연기됐다. 따라서 폴더블 시장에서의 확장은 당분간 어려울 것으로 보인다. 대신 마이크로소프트는 클라우드 게임 시장에서 새로운 기회를 만들고 있는 중이다. 2020년 엑스박스 신제품 출시와 함께 '올 액세스 패키지'를 함께 팔았다. 이것은 단순히 게임 콘솔만 판매하는 게 아니라 서비스가 결합된 형태다. 기계 값은 스마트폰처럼 24개월 약정으로 매달 비용을 내면 되고, 엑스박스 게임을 스마트폰과 태블릿으로 이동 중에 즐길 수 있게 만든 클라우드 서비스라고 보면 된다. 2021년에는 혼합현실(MR)을 위한 플랫폼 '메시(Mesh)'를 공개, 이제 마이크로소프트의 영토는 사이버 세상으로 넓혀지고 있다.

페이스북

이제 페이스북의 두 가지 부분을 주목할 필요가 있다. 바로 디엠(리브라)과 호라이즌이다. 원래 리브라로 명명되었던 디엠은 페이스북이 주도했던 가상화폐 프로젝트다. 페이스북은 페이스북 외에도 인스타그램과 왓츠앱이란 메신저를 가지고 있는데 이 셋의 월간 사용자 숫자는 페이스북 27억 명, 인스타그램 10억 명, 왓츠앱 20억 명으로 57억 명 가까이 된다. 이것은 전 세계 인구의 1/3이 페이스북을 이용하고 있다는 의미가 된다.

페이스북에서 가상화폐를 만든다면 즉시 달러를 대체할 세계 단일통화가 될지도 모른다. 이런 우려와 함께 세계 각국은 물론 미국 내에서도 페이스북 가상화폐는 규제와 제재의 대상이 될 수밖에 없었다. 결국 2020년 말까지 페이스북 리브라는 서비스를 시작하지 못했다. 하지만 이 시도는 각 나라별 정부 주도의 CBDC 실험을 가속화시키는 결과를 가져왔다. CBDC는 중앙은행 디지털 화폐^(CBDC, Central Bank Digital Currency)의 약어로 비트코인이 중앙에서 통제하는 기관 없이 거래 참여자들간 자유 거래와 익명성을 보장하는 것과 대척점에 있다. 한 마디로 한국은행에서 1,000원, 1만 원, 5만 원권을 디지털 화폐로 발행하는 걸 의미한다.

가장 빠르게 움직이고 있는 건 중국이다. 중국 정부는 이미 2020년에 대도시에서 디지털 위안화 실험을 했고 2021년에는 실험을 확장하며 2022년 베이징 동계 올림픽 때부터 전면적으로 디지털 위안화를 도입할 예정이다. 이에 리브라의 움직임도 다시 빨라졌다. 프로젝트 이름을 '디엠'으로 새롭게 브랜딩, 2021년 출시를 목표로 하고 있다. 디지털 화폐 전쟁이라 불릴 만큼 뜨거운 이 시장에서 달러 패권화를 계속 이어가려는 미국의 움직임과 동시에 주목해야 하는 서비스다.

두 번째는 '호라이즌'이다. 스티븐 스필버그의 2018년 작품 <레디 플레이어 원>은 곧 다가올 미래에 대해 많은 생각을 던져준 영화였다. 현실 세계는 서로 다른 삶이어도 누구나 평등하고, 누구나 게임을 통해 승자가 될 수 있는 가상 현실 세계인 '오아시스'가 영화의 배경이다. 오아시스의 개발자 제이슨 도노반 할리데이는 죽기 전 오아시스 안에 숨겨둔 세 개의 열쇠를 발견한 후 자신이 남긴 '이스터 에그'를 찾은 플레이어에게 오아시스의 운영권과 회사 지분을 주겠다는 유언을 남긴다. 주인공 웨이드는 이를 찾기 위해 현실과 가상현실을 넘나들며 모험에 뛰어든다.

언젠가 다가올 미래에 우리는 현재를 살면서 이따금씩 혹은 아주 오랜 시간 동안 가상현실 속에서 내가 아닌 다른 사람으로 살아가게 될까? 코로나19로 인해 일상이 멈춘 지금, 페이스북이 내놓은 해답이 '호라이즌'이다. 마크 주커버그는 가상현실에서는 페이스북이 가장 앞서 있는 상황이니, 호라이즌 안에 1,000만 명을 모으겠다고 이야기를 했다. 주커버그의 자신감의 바탕에는 2020년 출시한 오큘러스 퀘스트2가 자리 잡고 있다. 선을 연결할 필요도 없고, 스마트폰도 필요 없이 '퀘스트

2'를 머리에 쓰면 가상현실로 들어갈 수 있는 이 장비는 높은 성능에도 불구하고 41만 원이라는 저렴한 가격에 출시됐다. 아직 호라이즌은 베타 버전으로 초대받은 유저들만 사용할 수 있지만 2021년 메타버스 이슈와 함께 더 주목받을 것이 분명해 보인다.

국내 기업

카카오

카카오는 모바일로 시작해 모바일로 끝나는 대표적인 기업이다. 이런 기업들은 코로나19와 같은 오프라인 변수에 영향을 전혀 받지 않는다. 코로나19로 인해 집에 있는 나날이 계속되었던 2020년, 만약 카카오톡이 없었다면 어땠을까? 친구들과의 대화가, 가족들 간의 대화가 이어지지 않았다면 더 우울하지 않았을까. 카카오톡의 시작은 2010년이었다. 10년간 카카오톡은 전 국민을 빠르게 연결시켰고, 2020년 이후 자신들의 비전을 연결이 아닌 '나를 증명하는 일'이라고 설명했다. 2020

년 11월에 열린 'if 2020 카카오 컨퍼런스'는 앞으로 카카오의 방향을 알 수 있는 행사였다.

이를 통해 확인할 수 있었던 건 크게 세 가지이다. 개인화, 맞춤화, 비즈니스의 연결이다. 앞에서 이야기했던 '나를 증명하는 일'은 개인화를 의미한다. 2020년 12월 카카오톡에 생긴 '지갑' 기능은 디지털 운전면허증은 물론 각종 자격증, 학생증, 사원증 등을 담는 용도로 사용이 가능하다. 멀티 프로필은 가족, 직장, 친구, 소셜 등 내가 보여주고 싶은 대상들에게 나를 따로 나누어 보여줄 수 있는 '나'를 표현하는 기능이며 전문성을 가진 전문가들은 나 자신에 대한 정보 업데이트를 통해 인물 검색으로 고객들과 연결될 수도 있다.

한편 이미 2019년부터 시작된 오픈뱅킹, 2021년 이후 큰 화두로 자리 잡은 마이 데이터를 통해 카카오페이는 개인 정보 수집으로 자산관리와 보험관리를 맞춤화하려고 진행 중이다. 반드시 해야 하지만 귀찮고 어려워서 잘 하지 않는 영역들을 안전하고 간편하게 맞춤형으로 카카오페이가 진행하겠다는 뜻으로 보인다.

마지막으로 비즈니스의 연결이다. 그동안 카카오의 행보를 보면 궁극적으로 가고자 하는 길이 중국의 위챗이란 생각이 든다. 위챗은 결제 수단인 위챗페이뿐 아니라 위챗 내에 미니앱(샤오청쉬)을 통해 수많은 사업자들은 별도의 앱을 개발하지 않고 위챗 내에서 서비스를 제공하고 있다. 사용자에게는 두세 번 가입할 필요가 없는 편리함, 위챗페이로 결제까지 가능한 연결성을 제공한다. 사업자 입장에서는 한 번 결제로 끝나는 게 아닌 지속적인 마케팅이 가능한 고객을 확보할 수 있는 장점을 가진 서비스인데 카카오 채널에 이 기능이 도입됐다. 그 시작으로 정수기와 같은 구독형 서비스도 카카오 내에서 검색, 확인하고, 결제까지 이어지게 되었다. 온·오프라인을 넘나드는 카카오는 2020년 카카오게임즈 상장, 2021년 이후 카카오뱅크, 카카오페이 등 계열사들의 상장이 줄줄이 예정되어 있으니 앞으로 더 큰 플랫폼이 될 수밖에 없을 것이다.

네이버

네이버 역시 코로나19와 같은 외부 변수에 흔들림이 전혀 없는 회사다. 카카오가 '모바일 only'를 지향한다면 네이버는 온라인과 모바일 연동이 태생이며 온라인은 버릴 수 없는 핵심 분야 중 하나다. 네이버는 오프라인, 멤버십, 라이브 쇼핑, 인공지능 네 가지 부분에서 눈여겨볼 필요가 있다.

온라인과 모바일 연동의 성과를 제대로 보여준 건 '네이버 쇼핑 라이브'다. 백화점도 전통시장도 지속적으로 매출이 줄어드는 가운데 라이브 커머스는 오프라인 상점들의 희망으로 떠올랐다. 중국에서 시작된 라이브 커머스 열풍은 2020년 중반부터 정부의 소상공인 살리기 정책과 더불어 성장했다. 그 중심에 네이버가 있었다. 네이버는 셀럽 위주의 셀렉티브 서비스를 네이버 쇼핑 라이브로 이름을 바꾸고 공격적으로 서비스를 해왔다. 백화점부터 전통시장, 네이버 스마트 스토어의 사업자까지 품은 네이버 쇼핑 라이브는 2021년 이후에도 네이버의 굳건한 매출 트리가 될 예정이다.

두 번째, 멤버십이다. 2020년 6월, 네이버 플러스 멤버십 서비스가 시작됐다. 넷플릭스처럼 구독제 서비스로 비용은 월 4,900원, 기본 혜택은 네이버 쇼핑 적립금의 추가 적립이다. 여기에 더해 네이버의 음악 서비스인 바이브 월 300회 듣기, 네이버 웹툰·웹소설에서 쓸 수 있는 쿠키 20개, 네이버 오디오북 대여 쿠폰 3,000원, 네이버 시리즈온에서 사용 가능한 캐시 3,300원, 100기가 네이버 파일 박스 제공 혜택도 주어진다. 한마디로 네이버의 서비스를 몇 개라도 사용하고 있다면 무조건 이득이 되는 서비스다. 향후 멤버십은 언제든지 추가 혜택이 더해질 수 있으니 무궁무진하게 변화할 수 있는 서비스이다. 이 서비스는 가입자 250만 명 돌파 이후 네이버의 든든한 캐시 카우가 되고 있는 중이다.

세 번째, 오프라인으로의 진출이다. 2020년 하반기부터 네이버페이 가맹점에서 네이버페이 포인트로도 결제가 가능해졌다. 네이버는 이제 다른 금융 서비스와 연동하는 중간자 역할뿐 아니라 결제까지도 자체적으로 수행하겠다는 의지를 보이고 있다. 이렇게 되면 네이버는 결제와 관련된 고객 데이터를 독식하게 된다. 네이버페이 포인트로 결제할 경우 적립과 관련된 혜택이 점점 늘어나고 있어 금융사 입장에서는 이 점이 신경 쓰일 수밖에 없을 것이다.

네 번째, 인공지능이다. 네이버의 인공지능 플랫폼 '클로바'는 끊임없이 발전을 거듭하고 있다. 특히 2020년은 대중을 위한 서비스 출시 및 확산이 있었던 해였는데 여기에 명분과 찬사까지 얻게 되었다. 시작은 클로바 더빙이었다. 대본을 입력하면 인공지능이 자동으로 읽어주는 이 서비스는 남자·여자 어른 목소리, 남자·여자 아이 목소리 등 다양한 목소리를 제공했다. 그 후 온라인 강의 교재를 만들어야 했던 많은 선생님들과 교수님들이 이 서비스를 이용하기 시작했다. 코로나19 이슈 때문에 현재 한시적으로 무료로 제공하고 있지만 네이버 입장에서 2020년은 다양한 데이터를 얻을 수 있는 좋은 기회였다.

또 하나의 인공지능 기기는 '클로바 램프'다. 이 기기는 클로바 스피커에 램프가 장착된 형태인데 질문에 답해주는 인공지능 스피커 기능뿐 아니라 램프 아래에 있는 책을 읽어주는 OCR 판독 기능까지 갖추고 있다. 이 제품의 타깃은 학생들로, 클로바 시리즈가 원하는 것이 일단 고객의 집안으로 들어가는 일이라는 걸 알게 해준 제품이었다. 대부분의 부모들은 아이 교육에 돈을 아끼지 않는 편인데, 영어책을 읽어주는 이 램프는 부모들의 소비 심리에 딱 맞는 제품이라고 볼 수 있다.

마지막으로 살펴볼 혁신적인 인공지능 제품은 '클로바 노트'다. 2020년 11월 말에 출시된 이 서비스는 한마디로 녹취록 기능이 있는 제품이라고 할 수 있다. 대화를 듣고 이를 녹음한 후 분석해 문자로 타이핑된 회의록을 만들어주는 기능을 갖고 있다. 현재 베타 서비스를 진행 중이고 월 300분까지 무료, 이후에는 과금하는 형태로 바뀌겠지만 이를 통해 수집하는 음성 데이터의 양은 어마어마할 것으로 보인다. 클로바 노트는 가장 먼저 네이버 기업용 앱인 네이버웍스에서 쓰일 것이며, 이 외에도 콜센터 등 녹취가 필요한 곳에 적용될 게 분명해 보인다.

토스

2015년에 창업한 토스는 간편 송금 서비스로 시작해 5년 만인 2020년 상반기 인터넷 전문 은행 인가를 획득했다. 이제 토스는 자산관리, 보험, 증권, 은행을 가진 종합 금융사로 변하고 있다. 토스는 세 가지 측면에서 주목해야 할 필요가 있다.

첫째, 매출 구조다. 2020년 초 처음으로 공개된 토스의

80% 매출은 B2B가 차지하고 있었다. 이제 토스는 송금 수수료만으로 먹고 사는 회사가 아니다. 광고와 중개를 통한 수수료 매출이 상당한데, 우리나라 1호 디지털 전문 손해보험사 캐롯손해보험은 토스를 통해서 '캐롯 퍼마일'이란 후불제 손해보험을 소비자들에게 팔고 있다.

둘째, 보험 서비스다. 2018년 토스 인슈어런스를 출범한 이후 토스는 보험 분석을 통해 현재의 보험이 고객들에게 적절한지 판단하는 리밸런싱 서비스를 제공하고 있다. 이를 위해 보험설계사들을 정식 직원으로 채용해 고객이 원하는 시간에 전화 상담이 이루어지도록 만들었다. 2020년에는 토스 보험 파트너 서비스를 출시해 손해보험협회와 생명보험협회에 등록되어 있는 보험 설계사들을 회원으로 가입시켰다. 이 서비스에 가입하고자 하는 설계사들은 자신의 고객(2명) 정보를 입력해야 하지만 대신 토스에 가입된 1,800만 명에게 영업을 할 수 있는 기회를 얻게 된다. 앞으로 토스는 고객 데이터를 통해 맞춤형 서비스보다 제휴 서비스를 성장시킬 것으로 보인다.

셋째, 증권과 은행 서비스다. 2017년 4월과 7월, 각각 정식 서비스를 시작한 카카오뱅크와 케이뱅크, 케이뱅크는 120일 만에 앱 설치 100만 명을, 카카오뱅크는 8일 만에 232만 명을 모으며 금융권에 돌풍을 일으켰다. '오프라인 지점이 없는 인터넷 전문 은행이 성공할 수 있을까?'라는 우려를 한 번에 날려 버린 결과였다.

2021년 2월과 하반기 출범하는 토스 증권·은행 역시 각각 증권업과 은행권에 또 한 번의 변화를 가져다줄 것으로 기대된다. 증권사와 은행까지 갖추게 되면 토스는 자체 계좌를 바탕으로 온·오프라인 결제 서비스로 그 영향력을 넓히려고 할 것이다.

현대자동차

코로나19로 인해 전 세계 경제가 휘청하는 가운데 제조사도 예외일 수 없었다. 하지만 현대자동차는 예외였다. 상반기에는 내수 시장에서 신차 출시로, 하반기에는 미국에서 매출을 올리는 데 성공했다. 특히 3분기 미국 시장 판매량은 2019년에 비해 0.9% 상승했으며, 3분기 누적 내수 매출은 20조 1,147억 원으로 수출 매출 15조 9,733억 원보다 많았다. 여기에 정의선 회장 체제가 본격적으로 시작, 현대자동차는 스마트 모빌리티 회사로 거듭나는 중이다.

앞으로 또 다른 위기가 와도 현대자동차는 이겨낼 수 있을까? 미래를 예측하는 건 어렵지만 이번 위기 극복의 경험으로 볼 때 큰 문제가 없을 거라 생각된다. 전기차, 서비스화 그리고 도심항공 모빌리티라는 세 가지 면에서 현대자동차를 살펴보자.

현대자동차는 E-GMP, 즉 전기차 전용 플랫폼을 선언했다. 이 이야기는 테슬라처럼 전기차 전용 플랫폼에서 아예 설계부터 제조까지 전기차만을 위한 플랫폼에서 차량을 생산하겠다는 의미이다. 전기차 브랜드명은 '아이오닉'으로 정해졌으며 2021년부터 CUV 아이오닉 5, 세단형 아이오닉 6, SUV 아이오닉 7을 순차적으로 내세우겠다는 전략을 내놓았다. 2020년 국내 전기차 보조금을 테슬라 모델 3이 대부분 가져간 가운데, 현대자동차가 국내 전기차 시장을 다시 장악하기 위해 승부수를 던졌다고 볼 수 있다.

자율주행 사업 역시 가속화되고 있다. 현대자동차는 미국 네바다주에서 자율주행 레벨 4 테스트를 진행한 이후 완전 무인 자동차를 출시할 수 있는 승인을 받았으며, 2022년 이후 완전 자율주행이 가능한 소프트웨어 탑재를 목표로 하고 있다. 엔비디아와도 커넥티드카 분야에서 제휴를 맺었다. 엔비디아와 네이버, 이 둘과 제휴를 맺은 건 차량 내 OS와 인포테인먼트를 중요하게 생각하고 있다는 이야기가 된다. 차가 스스로 움직이면 운전자는 차 안에서 무엇을 하게 될까? 지금도 버스나 지하철을 타면 수많은 사람들이 각각 자신의 스마트폰으로 영화를 보거나, 책을 읽거나, SNS를 살펴본다. 마찬가지다. 자율주행차 안에서 사람들은 쇼핑을 하거나 음악을 듣는 등 다양한 것들을 즐기게 된다. 얼마나 편하게, 얼마나 많은 것들을 차 안에서 즐길 수 있도록 제공되는가, 그러면서도 안전하게 운행이 가능하고 모든 것들이 매끄럽게 제어될 수 있는가가 가장 중요한 포인트라고 할 수 있다.

이 모든 것들은 단순한 자동차 판매를 넘어서 추가 매출을 상승시키는 요인이 될 수 있을 것이다. 현대자동차 고객을 위한 전용 넷플릭스 요금제, 달리는 자동차에서 쇼핑을 하기 위한 쿠팡과의 협업, 주유소나 주차장에서 내릴 필요 없이 '차' 자체만으로 결제가 가능한 '카페이', 다양한 가능성이 열려 있는 새로운 시장에 대한 준비가 바로 OS와 인포테인먼트다. 앞으로의 자동차를 바퀴 달린 스마트폰으로 보는 이유가 여기에 있다.

테슬라가 다른 완성차 제조사보다 앞서 있다는 이야기를 듣는 건 단순히 전기차 성능 때문만이 아니다. 아이폰처럼 테슬라는 반도체와 OS를 직접 생산한다. 직접 생산의 장점은 모든 것이 하나처럼 보이도록, 완벽하게 작동되도록 만들 수 있다는 이야기이다. 그리고 자동차의 OS가 바로 엔비디아다. 앞으로 자동차의 핵심은 전기나 수소로 움직이는 동력의 변화가 아니라 OS가 될 것으로 보인다. 그래서 현대자동차가 전기차 시장을 장악하기 위한 방법으로 엔비디아를 선택한 것으로 보인다.

둘째 서비스화다. 젊은 세대의 자동차 구입 비율은 떨어지고 있으며, 앞으로도 오를 것 같지 않다. 그렇다면 앞으로 차를 어떻게 관리·유지·판매해야 할까? 현대자동차 역시 다양한 방면에서 고민하고 그 답을 찾는 중이다. 그 해답 중 하나가 '현대셀렉션'이다. 마치 넷플릭스를 구독하는 것처럼 '현대셀렉션'은 매달 일정 금액을 지불하면 현대자동차의 차를 바꿔 탈 수 있는 서비스다. 2019년 1월 출시 이후 가입자 수가 7,000명이 넘을 정도로 빠르게 성장하고 있다.

중고차 시장은 2013년 동반성장 위원회가 '중소기업 적합업종'으로 지정한 뒤 대기업의 진출이 금지된 시장이었다. 그러나 2020년 관련법이 만료되면서 중고차 시장으로의 진출길이 열렸다. 이미 벤츠는 자체적으로 중고차를 관리하고 있어 자신들의 브랜드에 대한 품질과 가격 방어가 가능한 상황이다. 이 시장에서 현대자동차가 자사 차를 관리하겠다는 선언을 했으니 시장에서의 사전 반응은 아주 좋은 편이다.

차를 사지 않는 미래, 현대자동차는 미래를 향한 도전과 리스크를 위한 대안, 두 가지를 준비하고 있는 중이다.

마지막으로 도심항공 모빌리티다. 2020년 상반기에 열린 CES(Consumer Electronics Show)에서 현대자동차는 우버와 함께

2028년 에어택시를 이야기했다. 아쉽게도 우버에서 에어택시 사업을 매각하며, 전략 수정은 불가피해졌지만 이미 2020년 11월 중국 이항사의 2인승 드론 택시가 서울에서 시험 비행을 한 바 있어 세계의 관심은 2025년 이후의 하늘로 모아지고 있다. 이 시장까지 장악하게 된다면 현대자동차의 성장은 고공행진을 하게 될 것이다.

삼성전자

삼성전자의 2020년은 인공지능, 스마트폰, 헬스케어, 마이크로소프트와의 협업으로 정리할 수 있다. 앞으로의 방향도 이를 통해 짐작할 수 있다.

2020 CES에서 삼성전자는 캠패니언 로봇 '볼리'를 선보였고, 2021 CES에서는 로봇청소기 제트봇 AI가 그 뒤를 이었다. 둘 모두 집안의 사물과 연동되는 인공지능 기반의 로봇이다.

인공지능 기반 제트봇 AI

여기서의 핵심은 빅스비, 인공지능을 통한 연결이다.

삼성은 2020년 3분기 스마트폰 점유율 1위를 달성했다. 미국의 제재로 인해 화웨이가 2위로 밀려난 덕분인데, 미중 관계가 회복되지 않는 한 삼성전자의 독주는 계속될 것으로 보인다. 세계 최초로 상용화된 갤럭시 폴드 2세대와 세로로 닫는 Z 플립의 혁신 이후 삼성전자 스마트폰의 전략은 폴더블폰 시장 장악이다. 이미 왕좌의 자리를 차지한 삼성전자가 저가형 라이트 버전도 고민하는 중이니 당분간 폴더블폰 시장에서 다른 경쟁자를 찾기는 힘들어 보인다.

또 하나 주목할 점은 저가형 스마트 밴드 '갤럭시 핏2'의 출시다. 저가형 스마트 밴드 시장 1위는 명실 공히 샤오미의 '미밴드' 시리즈인데, 처음으로 삼성이 4만 9,500원짜리 스마트밴드를 출시했다. 이것은 앞으로 삼성이 헬스케어 시장에 보다 적극적으로 뛰어들겠다는 선언으로 봐야 한다. 이를 통해 누적된 데이터는 삼성헬스 앱에 쌓이게 되고 향후 진행될 디지털 의료 시장에서 핵심 정보로 쓰이게 될 것이다. 특히 갤럭시 워치의 심전도 측정 기술이 국내에서 의료기기 판매 허가를 받은 바, 헬스케어 시장에서 삼성헬스는 핵심 서비스가 될 수도 있을 것이다.

2020 갤럭시 언팩 행사에서는 삼성전자와 마이크로소프트와의 협업도 확인했다. 갤럭시 노트 20에서 엑스박스 게임 패스 앱을 통해 엑스박스 게임을 즐기고, 윈도우 10과의 연동을 통해 사진과 파일을 쉽게 넘기거나 갤럭시 노트의 앱을 PC에서 동시에 사용하는 것도 가능해졌다. 갤럭시 탭 S7을 듀얼 디스플레이로 쓰는 기능도 가능해 마치 맥북과 아이패드를 연동해서 쓰는 것과 같은 경험을 선사했다. 마이크로소프트의 디

스플레이 폰인 서피스 듀오의 실패 이후 마이크로소프트는 스마트폰과 태블릿이 필요했고, 삼성전자는 윈도우 기반을 떠날 수 없는 상황에서 두 회사의 시너지는 서로에게 도움이 되었다. 궁극적으로 이것은 소비자들에게도 새로운 경험을 선사하는 서비스로 확장될 것이다.

갤럭시 출시 10년 그리고 다시 시작되는 10년의 시작에 삼성전자는 명실공히 전 세계 1위 스마트폰이라는 브랜딩, 기술과 함께 PC 분야의 든든한 파트너까지 얻은 셈이다.

LG

LG의 사업 분야는 무척 다양하다. 하지만 이중에서도 뉴 노멀 시대의 주요 사업인 로봇과 배터리, 두 가지 분야를 살펴보자.

LG화학의 전기차 배터리 점유율은 글로벌 2위다. 1위 중국 회사 CATL이 있음에도 불구하고 중국 상하이 공장에서 생산되는 테슬라 모델 Y의 배터리 전량을 공급하는 계약을 LG가 체결했다. 12월 1일에는 배터리 사업부를 LG에너지 솔루션으로 분사했다. 배터리 시장은 2024년 30조 매출이 예상되며,

남은 건 기존 사업의 수성과 혁신적인 배터리 개발뿐이다.

　그다음으로 주목해야 할 부분은 로봇이다. 2018년에 선보인 '클로이' 브랜드 이후 LG전자는 수트봇, 청소 로봇, 홈로봇, 서브봇, 카트봇, 셰프봇 등 10종이 넘는 로봇을 선보였다. 코로나19 이후 클로이 서브봇은 서울대학교 병원에서 물품 배송 역할을 맡았고, 편의점과 제휴 건물 안에서 비대면으로 상품 배송도 진행했다. 배달의민족과 제휴를 통해 식당에 딜리 플레이트 L01 로봇을 제공했으며, 빕스에서는 국수를 말아주는 '클로이 셰프봇'을 운영했다. 코로나19 이슈에 대응하는 세균, 바이러스 제거는 물론 실내 자율주행 기능을 가진 클로이 살균봇을 출시하기도 했다. 한마디로 우리의 일상생활 모든 곳에 자연스럽게 로봇이 사용되게 하는 것이 LG의 목표다. 가장 빠르고 넓게 진행되고 있는 분야이니 2021년 이후에도 LG의 로봇 개발은 주목할 필요가 있다.

GS25의 카트봇

쿠팡

위기에 강한 쿠팡은 메르스 사태를 지나 코로나19로 경기 침체가 이어졌던 2020년에도 최대 실적을 냈다. 하지만 영업 손실 또한 만만치 않았다. 2019년 쿠팡은 매출 7조를 달성했고, 영업 손실을 7천 200억으로 줄였다. 흑자가 아니라 영업손실을 줄여서 주목받는 회사는 쿠팡이 처음일 것이다. 2021년 코로나19 장기화로 인해 매출은 더 늘어날 것으로 보이지만, 지출도 역시 늘어날 것이다. 지출 증가의 이유는 물류센터 방역 관련 비용과 더불어 2020년에 다섯 개 지역(대전, 금왕, 광주, 김천, 제천)에 첨단 물류센터를 건립했기 때문이다. 여기에 들어간 비용이 5,840억이다. 배달의민족에 대응하는 음식 배달 서비스 '쿠팡 이츠'도 아직 흑자 사업은 아니다.

2020년 7월에는 동남아시아의 동영상 스트리밍 서비스 '훅'을 인수했고 12월에는 OTT 서비스인 '쿠팡 플레이'를 출시했다. 쿠페이를 쿠팡페이로 분사, 택배사업에 진출하기 위한 기반도 마련하고 있다. 여기에 '라이브 커머스'를 위한 인원 확충까지 들어갔다. 클라우드숍과 스토어에 대한 상표권도 출원, 클라우드 사업에도 진출하고 있는데 이렇게 쿠팡의 2020년은 상당히 바쁜 해였다.

물류센터의 확충은 이해가 되지만 쿠팡이 택배 물류와 상관없어 보이는 나머지 사업까지 확장하는 건 어떤 이유 때문일까? 예전이나 지금이나 쿠팡이 그리는 그림의 종착역은 '아시아의 아마존'이다. 아마존은 쇼핑으로 시작해 아마존 프라임 멤버십 강화를 위한 프라임 비디오, 뮤직, 킨들 등 다양한 서비스들을 묶어서 제공하고 있다. 여기에 강력한 클라우드 시스템 AWS까지 가지고 있다. 쿠팡이 하나하나 모아가는 사업들이 완성된다면 아시아의 아마존이 될 텐데 여기에 큰 리스크가 있다. 바로 '자금'이다. 손정의 회장의 투자금 30억 달러, 약 3조 5,000억이 바닥나는 시점이 2021년 상반기로 점쳐지고 있었다. 쿠팡은 자금 확보를 위해 2021년 3월 뉴욕거래소에 상장했고 그 결과는 성공적이었다. 상장 첫날 쿠팡은 100조 기업이 됐다. 막대한 자금력까지 갖추게 된 쿠팡의 미래가 기대되는 이유다.

뉴 노멀의 시대
새로운 금융의 탄생,
CBDC에
주목하라

뉴 노멀의 시대, 가장 확실하게 변하게 될 시장 중 하나가 바로 금융 시장이다. 저축, 투자, 결제, 보험 등 금융과 관련된 서비스들은 많다. 하지만 근본적인 변화는 바로 '화폐'이다. 이미 세상은 동전 없는 사회를 넘어 현금 없는 사회로 가고 있다. 국내에서는 삼성페이, 카카오페이, 네이버페이 등 간편 결제 시스템들이, 중국은 위챗페이와 알리페이가 결제 시장의 핵심으로 자리 잡은 지 오래다. 그런데 이를 넘어선 더 큰 변화가 있다. 현재 운영되는 방식은 현실 세계의 동전과 지폐를 각각의 페이로 환전하는 방식인데 아예 중앙은행에서 발행하는 디지털 화폐 CBDC가 새로운 기준이 되고 있다. CBDC를 이해하기 위해서는 스테이블 코인^(stable coin), 중국, 페이스북, 이 세 가지를 이해할 필요가 있다. 하나씩 정리해보자.

스테이블 코인이 뭘까? '코인' 하면 '가상화폐'를 떠올리는 사람이 많다. 이 코인은 일반적인 가상화폐와는 조금 다르다. 먼저 가상화폐에 대해 알아보자. 이론상 가상화폐는 누구나 발행할 수 있다. 예를 들어 세컨드브레인연구소에서 가상화폐 '세컨드브레인 코인'을 발행한다고 가정해보자. 이번 발행량은 2만 코인으로 개당 500원이다. 다음주 월요일에서 금요일까지 공개된 회사 계좌로 입금하면 코인을 받을 수 있다. 이게 끝이다. 주식 거래와도 비슷하다. 중요한 건 이 코인으로 무엇을 할 수 있느냐이다. 주식은 현재 투자의 목적이 더 강해졌지만, 원래의 의미는 그 회사의 주주가 된다는 뜻이다. 회사에서 주식을 발행해서 자금을 모으는 구조가 지금까지의 주식시장을 지탱해온 힘이다. 그렇다면 가상화폐로는 무엇을 할 수 있을까? 가상화폐가 어떤 일을 할 수 있는지는 각각의 '백서'를 보면 알 수 있다. 세컨드브레인 코인의 목적을 담은 '백서'에는 '세컨드브레인 연구소에서 진행하는 각종 세미나, 지식 콘텐츠 구입에 사용 가능, 현금보다 50% 저렴'이라고 기록해두었다.

그런데 가상화폐를 얻는 방법은 원래 돈으로 코인을 사는 게 아니라 컴퓨터를 돌려서 채굴하는 것 아니던가? 채굴이 필요 없이 거래만 가능한 가상화폐도 있다. 발행자 입장에서는 이것이 관리가 더 쉽다. 여기에 필요한 건 세컨드브레인연구소에 대한 믿음, 세컨드브레인 코인이 사라지지 않는다는 믿음, 사용할 곳이 많다는 믿음이다. 하지만 알지도 못하는 회사를 어떻게 믿을 수 있을까. 그렇다면 믿음을 줘야 한다. 세컨드브레인 연구소에서 발행했지만 거래는 믿을 만한 거래소에서 보증해준다면 어떨까. 이게 바로 주식시장의 상장과 같은 암호화폐 거래소의 역할이다.

그런데 두 가지 문제점이 있다. 하나는 가격이다. 처음 코인을 구매할 때 개당 500원이었는데 며칠이 지나자 가격이 폭등하기 시작해 5,000원까지 올라간다. 어디에 사용할 수 있는지 명확하지 않음에도 불구하고, 갑자기 가격이 올라간다. 그런데 1만 원까지 올라간 가격이 갑작스럽게 5,000원을 지나 2,500원까지 하락한다. 역시 이유가 없다. 일반적인 코인의 문제점은 이렇게 가격 변동성이 크다는 데 있다.

두 번째 문제는 해킹이다. 해마다 끊임없이 가상화폐 해킹 이슈가 나오고 있다. 가상화폐 투자는 해킹에서 안전할까? 블록체인 방식의 코인들은 해킹에서 안전하다. 하지만 거래소는 안전하지 않다. 코인은 블록체인이어도 거래소는 블록체인 방식이 아닌 경우가 많기에 대부분의 해킹은 거래소를 타깃으로 이루어진다. 직접적인 서버 공격도 무섭지만 거래소 임직원의 도덕적 해이 역시 해마다 도마에 오르고 있다.

만약 정부에서 발행하는 디지털 화폐가 위와 같은 변동성을 지닌다면 한 국가의 경제가 무너지는 건 한순간이다. 스테이블 코인은 이런 단점을 보완해 탄생한 코인을 이야기한다. 따라서 금이나 달러와 같은 실물 자산에 연동되어 가격이 폭증하지 않는다. 예를 들어 현재 달러의 경우 기축 통화이지만 원래 각 나라들은 그들이 발행한 화폐의 가치에 해당하는 금을 가지고 있어야 했다. 스테이블 코인의 장점은 화폐나 실물 자산에 연계시키기에 가격 안정성이 보장된다. 한마디로 폭증하지도, 폭락하지도 않는다는 뜻이다. 지금도 대표적인 스테이블 코인으로 '테더', '제미니 달러', '트루 USD'가 있다.

그런데 일반 코인을 굳이 스테이블 코인으로 서비스하는 이유는 뭘까? 국제통화기금 IMF는 <디지털 화폐 : 스테이블 코인의 부상>이란 글에서 스테이블 코인의 장점을 '지불수단 혁신 네트워크 효과, 디지털 라이프와 사용자 중심의 설계'라고 이야기했다. 지금까지 나왔던 가상화폐들에 비해 정부나 기관에서도 이 코인을 긍정적으로 생각한다는 걸 알 수 있다. 또한 스테이블 코인에 관심이 쏠린 이유가 하나 더 있다. 바로 페이스북 때문이다.

페이스북은 2019년 6월 '전 세계 금융 소외계층 17억 명에게 금융 서비스를 제공하겠다!'는 비전과 함께 리브라 프로젝트를 공개했다. 페이스북이 만드는 가상화폐를 스테이블 코인으로 연동하겠다고 발표한 것. 어떤 회사가 '코인'을 만드는 일이 전 세계적으로 주목받을 만한 일은 아니다. 하지만 페이스북이기 때문에 달랐다. 바로 페이스북이 전 세계 1위 메신저

앱인 왓츠앱과 SNS 1, 2위를 달리는 페이스북, 인스타그램을 가진 곳이기 때문이다. 이 이야기는 페이스북 리브라 코인의 사용처가 곧 전 세계가 된다는 의미가 된다. 여기에 '리브라 협회'를 만들고 글로벌 기업인 비자, 마스터카드, 이베이, 페이팔 등이 함께한다고 선언했기에 리브라는 국가를 넘나드는 온·오프라인을 오가는 서비스가 될 것으로 보였다.

문제는 이렇게 될 경우 기존 금융이 흔들릴 수도 있다는 것이다. 모두가 은행에 있는 돈을 페이스북에 넣는 뱅크런이 일어나지는 않겠지만, 국가 간을 넘나들면서 거래할 수 있게 하겠다는 것은 '세계은행'의 역할을 페이스북이 하겠다는 의미이니 여기저기에서 우려가 나올 수밖에 없었다. 따라서 미국에서도 리브라 프로젝트는 상원과 하원을 통과하지 못했고 일시정지 상태에 놓이게 됐다. 이렇다 할 해법을 내지 못했던 상황에서 앞서 이야기한 페이팔, 마스터카드, 비자, 이베이 등의 상징성 있는 회사들이 협회를 탈퇴하는 일까지 발생했다. 2020년 페이스북은 여러 국가의 법정 화폐를 묶어서 기준으로 하는 방식을 달러를 기반으로 한 단일 화폐 기준으로 변경했고, 리브라는 '디엠'으로 이름을 바꿔 2021년 오픈을 앞두고 있다. 아직 미국 정부에서 달러를 바탕으로 한 CBDC에 대한 어떤 시험 서비스도 이야기되고 있지 않은 가운데 달러를 기준으로 한 페이스북의 '디엠'이 먼저 등장하게 되면, 미국은 물론 디엠이 세계에 미치는 영향을 무시할 수 없게 될 것이다.

세계 각국의 디지털 화폐에 대한 논의는 기존에도 있었다. 하지만 페이스북 리브라와 함께 각국의 CBDC 연구는 더 활발하게 이루어지기 시작했는데 이중 가장 빠르게 움직이고 있는 곳이 중국이다. 중국은 이미 전국 어디에나 모바일 결제와 QR 결제가 확산되어 있다. 이 시장을 이끄는 건 민간 기업인 알리바바의 알리페이와 위챗의 위챗페이이다. 정부 차원에서 보자면 디지털 화폐 시장이 민간으로 넘어간 상태이니 이것을 다시 정부 주도로 바꿀 필요가 있었다. 그렇게 해서 2016년 디지털 화폐 연구소가 설립됐고, 이어 2017년 비트코인을 비롯한 가상화폐에 대해 엄격한 규제를 적용했다. 2020년 10월부터는 암호화폐에 대한 규제가 법조문에 명시될 정도였는데, 주요 내용은 어떤 법인이나 개인도 위안화를 대체하기 위한 디지털 화폐를 발행할 수 없다는 내용이다. 이어 선전시에서 5만 명의 시민을 추첨해 인당 200위안, 약 3만 4,000원, 전체 1,000만 위안, 17억 원을 투자해 디지털 위안화를 실생활에서 테스트했다. 이어 서너 곳을 더해 온라인과 오프라인 병행 사용을 테스트하여 전 세계에서 최초로 거대 도시에 사는 시민들을 대상으로 한 디지털 화폐 실험에 성공했다. 이후 2020년 말 알리바바 산하 알리페이를 담당하는 알리파이낸셜의 상장이 취소되었는데 여기에 중국 정부의 입김이 있었다는 이야기가 있다. 이처럼 중국 정부는 국가주도 디지털 화폐 사용에 박차를 가하고 있다. 그 이유는 무엇일까.

세 가지 이유를 생각해볼 수 있다. 첫째, 비용 절감이다. 디지털 화폐를 발행하게 되면 동전과 지폐 발급 비용을 줄일 수 있다. 둘째, 관리와 통제다. 디지털 화폐는 어디서 어떻게 운용되고 있는지 파악이 쉽다. 물론 중국 정부는 개개인의 지출에 대해 보안성을 강화하여 비즈니스 기밀과 프라이버시를 지킬 수 있다고 이야기한다. 하지만 이것은 국민 통제에도 쓰일 가능성이 있다. 마지막으로 민간 기업에 넘어가 있는 화폐 주도

권을 가져오기 위함이다. 실제 디지털 화폐의 사용화는 코로나 19가 끝난 2022년 베이징 동계 올림픽 개최 시기로 보고 있으나 예상보다 더 빠르게 진행될지도 모른다.

다른 나라들도 마찬가지다. 노르웨이, 바하마, 영국, 일본, 캐나다 등 다양한 국가들이 CBDC를 체계적으로 연구 중이다. 한국은행 역시 현금이 쓰이지 않는 상황이 오게 된다면 중앙은행이 주도가 되어서 통제를 해야 하고, 디지털 화폐를 통해 주권 보호가 필요하다는 이야기를 하고 있다. 이에 따라 우리나라도 2021년 이후 파일럿 시스템 구축과 상용화 테스트에 들어가게 될 것으로 예상된다. 2019년 11월 하버드대학교에서 열린 모의 국가안전보장회의(NSC)에서 중국의 디지털 화폐로 지원받은 국가들, 예를 들면 북한이 핵 미사일의 생산과 실험에 대한 비용을 디지털 위안화로 처리하는 일이 예상됐다. 이렇게 되면 디지털 화폐는 미국의 금융 제재를 우회할 수 있는 수단으로도 쓰이게 될 것이다.

현재는 달러가 기축 통화의 지위에 있어 전 세계에 영향을 미치고 있다. 만약 중국의 디지털 위안화가 글로벌로 확장이 된다면, 달러 대신 위안화 보유 양으로 국가의 부를 결정할 수 있게 된다면, 이것이야말로 미국이 가장 두려워하는 일이 될 것이다. 과연 중국의 디지털 화폐는 70년 이상 세계 통화의 자리를 차지했던 달러를 대신할 수 있을까? 이것이 2021년 이후 새로워질 디지털 화폐 전쟁을 주목해야 하는 이유다.

4
뉴 노멀 시대의 기업:
일하는 방식이 달라진다

생산성의
함정

스마트워크, 워크스마트, 일하는 방법의 혁신, 생산성 향상 등등 업무와 관련된, 뭔가 열심히 해야 한다는 용어들이 다시금 등장하기 시작했다. '다시금'이라는 건 이미 열풍이 지나간 상태라는 말이다. 그렇다면 그때는 언제였을까? 바로 2009년 아이폰 3GS가 국내에 출시되면서부터다. 인터넷과 연결되어 뭐든지 다할 수 있는 스마트폰이 등장하면서, 그것도 직장인들이 주로 쓰던 블랙베리나 PDA가 아닌 가벼운 아이폰을 사용하게 되며 우리의 일과 생활은 완전히 바뀌었다.

이 작은 기기를 통해 언제 어디서든 누구에게나 메일을 보낼 수 있게 되었고, 정보도 검색할 수 있게 되었다. 이전에는 PC에 기록된 일정을 PDA에 옮기기 위해 '씽크'라는 불편한 작업을 거쳐야 했는데 스마트폰은 그런 것도 필요 없었다. 그렇게 스마트폰은 영업직이나 외부 활동이 많은 사람들에게 최고의 업무 도구로 자리 잡게 되었다. 급기야 아이패드가 등장하며 모든 문서와 책을 스캔해서 넣고 다니는 분위기까지 형성됐었다. 이에 '페이퍼리스(paperless)'라며 종이 없는 회의를 도입한 회사도 많았다. 당시 스마트 열풍은 스마트폰뿐만 아니라 모든 신사업에 '스마트'란 이름을 붙이게 만들었고 그게 아니라면 구식으로 보이게 만들었다.

지금 중국산 윈도우 태블릿의 경우 10만 원 혹은 그 이하의 금액으로도 구매가 가능하다. 당장 학교에서도 태블릿을 학생들에게 지급해 교과서를 대신할 수 있고, 회사에서도 대량 구매한다면 매번 사용되는 프린터 유지 보수비와 용지 비용을 절감할 수 있을 것이다. 약간의 예산만 지출한다면 종이 없는 페이퍼리스가 가능한 세상을 살 수도 있을 것이다. 그런데 현실은 어떤가.

여전히 우리의 책상 위에는 문서들이 있고, 어떤 회사에 PT를 갈 때면 컬러 인쇄 후 바인딩까지 해서 가야 한다. 왜일까? 모든 회사 데이터를 디지털로 문서화하고 관리하는 게 생각보다 힘들기 때문이다. 예를 들어 어떤 회사에서 페이퍼리스 회의를 진행했다. 회의 시간에 참석하는 사람들은 모두 태블릿을 들고 참석한다. 회의 자료는 사전에 클라우드를 통해 공유되고, 회의가 끝난 후 회의록 역시 즉시 만들어져서 배포된다. 꽤 멋진 회의가 진행될 것 같지만 현실은 다르다. 우선 아이패드에서 문서를 열기 위해서는 모두가 클라우드 사용에 능숙해야 한다. 또한 PDF 자료를 보려면 별도의 앱을 설치해야 한다. 하나 더 있다. 회의시간에 우리는 어떻게 하는가? 펜을 꺼내서 밑줄을 치기도 하고, 의견을 적기도 한다. 아이패드에서 펜을 쓰려면 별도로 애플펜슬도 구매해야 한다. 게다가 충전이 되어 있지 않다면 회의록을 열 수조차 없다.

이 모든 귀찮음 대신 모나미 볼펜 하나와 종이 인쇄물만 있으면 회의가 가능하다. 더 좋은 디바이스, 더 좋은 프로그램을 사용한다면 더 스마트한 조직을 만들 수 있을 것 같지만 현실은 그렇지 않다. 우리는 이걸 '생산성의 함정'이라고 부른다.

공공기관, 대기업일수록 '보안'의 벽이 높다. 덕분에 개인이 쉽게 사용할 수 있는 다양한 프로그램들, 구글 캘린더, 드롭박스와 같은 것들은 기업에서 사용할 수가 없었다. 그리고 그렇게 10년이 지나는 동안 조직의 스마트워크는 개인의 스마트보다 뒤처지게 됐다. 스마트워크, 스마트 조직이 되기 위해서는 조직, 개인, 공간, 세 가지 요소가 모두 스마트해져야 하기 때문이다.

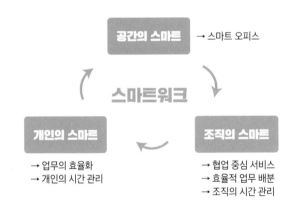

하지만 위에서 언급한 요소들 때문에 조직의 시스템은 쉽게 바뀌지 않는다. 그렇다면 남은 두 가지 요소 중 가장 쉽게 바꿀 수 있는 건 무엇일까? 개인? 공간? 무엇보다도 개인을 택하는 회사가 많다. 이게 바로 CEO 마인드다. 직급이 올라갈수록 조직 구성원이 일단 스마트해야 조직이 바뀐다고 생각한다. 그런데 정말 그럴까? 맞는 말이지만 쉽지가 않다. 그 이유 중 하나는 이런 이야기를 하는 CEO들 중 그 자신이 먼저 스마트해지려는 사람이 없기 때문이다. 두 번째는 이미 개개인들, 조직구성원들이 스마트하기 때문이다. 그들은 회사가 어떤 방식으로 바뀌게 되면 효율적일지 이미 알고 있다. 하지만 이야기해도 바뀌지 않거나 굳이 그 필요를 못 느끼기 때문에 비효율적이라는 것을 알면서도 기존 방식대로 일을 진행한다.

이래서 조직들이 바꾸기 시작한 것이 공간이다. 스타벅스와 같은 공간, 공유 오피스 위워크(WeWork)와 같은 공간을 벤치마킹하며 많은 회사들이 직원 휴게실을 멋지게 꾸미거나 스마트 오피스를 도입했다. 이를 통해 자유롭게 일할 수 있는 환경이 구축됐다. 그런데 또 다른 문제가 발생했다. 멋지게 꾸며진

직원 휴게실에 직원이 없다. 또한 어디서나 일할 수 있는 환경에 조직의 중간관리자 이상이 적응을 못 했다. 누가 출근했고, 무슨 일을 하고 있는지 한눈에 파악하도록 되어 있는 지금의 자리 배치를 단번에 바꾼다는 건 관리자들에게는 너무나 힘든 일이었다.

그래서 조직과 공간, 개인은 체계적으로 하나씩 변화해나가야 한다. 궁극적으로 조직의 시간과 개인의 시간이 같이 흘러야만 스마트한 조직을 만들 수 있다.

조직의 시간 관리 ← 균형 → **개인의 시간 관리**

→ 다 같이 빠른 퇴근
→ 업무 조절
→ 성과 중심의 평가

→ 빠른 업무 처리 속도
→ 목표 중심의 시간 관리
→ 인식 변화

일하는 방식의
변화

스마트폰이 도입된 지 10년이 되었지만 조직의 일하는 방식은 크게 변하지 않았다. 출근 시간과 퇴근 시간은 정해져 있고, 매년 매출 목표는 올라가야 하며, 일단 조직이 성장해야 직원들의 수익도, 워라밸도 생각할 수 있다는 기존 관념 때문이었다. 매일 출퇴근이 반복되는 일상에서는 아무리 4차 산업혁명이다! 뉴 노멀이다, 이런 위기의 메시지를 전해도 조직 전체에 퍼지기는 힘들었다. 하지만 일하는 방식은 이미 변하고 있다. 노멀의 시대와 뉴 노멀의 시대 변화에서 두 가지 요소를 눈여겨볼 필요가 있다. 하나는 '워라밸'이다. 일과 삶의 균형을 뜻하는 '워크 앤 라이프 밸런스'가 언급된 건 《2018년 트렌드 코리아》에서다. 이후 80년생 이후 MZ 세대가 주목받기 시작, 이들은 워라밸이 보장되는 곳들이 아니면 그 회사에 지원 자체를 하지 않는다는 이야기가 나오기도 했었다.[8]

이 시대를 정의하는 기준에 가장 잘 맞는 광고가 있다. 회사 생활을 주제로 한 롯데칠성의 한 커피 음료 광고(https://youtu.be/tju2Izvsuc4)를 보자. '고진감래(苦盡甘來)'의 원래 뜻은 고생 끝에 낙이 온다는 이야기다. 예를 들어 금요일 오전에 감사가 있어서 팀원들 모두가 야근을 하고 겨우겨우 프로젝트를 끝냈다. 금요일 오후, 팀장님이 팀원들에게 이렇게 이야기를 한다. "자, 모두들 정말 고생 많았어. 이런 날 그냥 넘어갈 수 없지. 오늘 오후 일은 빨리들 끝내고. 퇴근 시간 딱 되면 회식하러 가자고!" 이 말과 "자, 모두들 정말 고생 많았어. 힘들었지? 오후에는 꼭 해야 하는 일들 아니면 좀 쉬엄쉬엄하고, 칼퇴근합시다. 주말 푹

---

8 <MZ세대, 가장 입사하기 싫은 기업 2위는 연봉 낮은 기업…1위는?>(http://www.recruittimes.co.kr/news/articleView.html?idxno=86388)

쉬고 월요일 아침에 상쾌하게 만나자고." 당신은 둘 중 어느 게 더 마음에 드는가. 세상이 변했다. 예전에는 다 같이 회식을 해야 했다. 회식 자리도 업무의 연속이기에 싫어도 좋아도 무조건 회식을 해야 했고 2차, 3차에서 술잔을 나누며 쌓이는 정만큼 업무 고과도 함께 올라갔다.

지금은 어떤가? 회사에 따라 다르지만 회식을 가더라도 1차로 끝내는 경우가 많고 회식에서 술도, 고기도 먹지 않는 사람들이 더 많아졌다. 이렇다 보니 회식을 하자고 권유하는 사람도 뻘쭘하고, 가서도 서로 좋은 기분이 유지되지 않는다.

일은 리듬이고 조직은 분위기다. 오래된 조직일수록 분위기는 쉽게 바뀌지 않는다. 출퇴근도 마찬가지다. 8시에 출근을 하고 5시에 퇴근하기로 한 회사에서, 실제로 5시에 칼퇴근하는 경우는 거의 없다. 내 일이 끝났다고 먼저 갈 수도 없다. 다른 팀원들의 일을 도와주거나 윗사람들의 '일 끝났으면 먼저 퇴근해요'라는 말이 나오기 전까지는 기다려야 했다. 일이 없더라도 다 같이 저녁을 먹고 집에 가거나, 저녁을 먹고 회사에 돌아와서 업무를 마무리한 뒤 퇴근을 했다. 퇴근 시간은 보통 9시에서 10시, 집에 돌아와 쉬고 나면 다시 출근. 나를 위한 시간은 주말밖에 없었다.

어쩌다가 긴 연휴가 있을 경우 연휴 마지막 날은 출근하는 게 당연한 일이었다. 모두가 그렇게 하고 있기 때문이었다. 마지막 날 출근해서 다음날 할 일들을 정리하곤 했다. 휴가 중이라도 급하게 클라이언트와의 미팅이 잡혔다면 혹은 윗사람이 호출하면 휴가 중 회사로 와야 했다. 물론 그렇다고 다시 휴가가 주어지는 것도 아니었다.

이런 분위기에서 자기계발은 꿈도 꾸지 못할 일이다. 그럼에도 불구하고 칼퇴근을 하고 자신의 라이프를 지키는 직원들이 있었다. 멋지기는 하지만 이들을 바라보는 시선은 좋지 않았다. '오, 취미 생활도 즐기고 멋지다'가 아니라 '아니 왜 혼자 밖으로 돌아. 자기만 취미 생활할 줄 아나'라며 부정적인 시각이 더 많았다. 하지만 이제 사람들은 회사에서의 성공보다 개인을 더 많이 생각하기 시작했다. 그러고 싶어서가 아니라 자연스럽게 그렇게 되었다.

여기서 이런 변화를 이끈 두 번째 요소를 발견할 수 있다.

바로 주 52시간 근무제 시행이다. 주 52시간 근무제는 기본 40시간에 연장근무 12시간을 더해 52시간을 넘기지 않아야 한다는 규정으로, 2018년 7월부터 공공기관과 공기업, 직원 300인 이상의 회사들을 대상으로 적용되었다. 2021년 7월부터는 5인 이상, 50인 미만의 사업체에도 적용된다. 이에 대한 논란은 계속되고 있지만 현 정부에서는 크게 변동이 없을 것 같다. 중요한 게 바로 이 부분이다.

회사에서도 마찬가지지만 큰 정책이 결정되었을 때 흔들리면 안 된다. 흔들리면 애써 준비하던 곳들도, 반대하던 곳들도 모두가 혼란스러운 상황에 빠지게 된다. 이제 조직이 변할 수밖에 없었다. 이에 따른 혼선은 있었지만 대부분의 대기업들은 주 52시간 근무에 적응을 끝낸 상태다. 물론 한 번의 시도로 모든 직원의 칼퇴근과 업무 효율화가 이루어지지는 않는다. 큰 배가 항로를 바꾸려면 시간이 필요한 법이다. 하지만 천천히 확실하게 사회는 변하고 있는 중이다.

이제 조직의 시간과 개인의 시간이 같이 흐르기 시작했다. 칼퇴근을 무조건 해야 하는 상황이 되면, 정해진 시간 내 어떻게 해서든 일을 '같이' 끝내야 한다. 여기에서 중요한 역할을 하는 사람이 바로 관리자들이다. 조직원 개개인의 능력을 파악해 적재적소에 배치하는 일, 프로젝트를 관리하는 일, 주 52시간 근무를 하면서도 일을 끝내게 하는 힘이 필요하다. 이걸 못해서 무능하다는 평가를 받게 된다면 조직은 바뀔 수밖에 없다.

조직의 시스템 역시 변할 수밖에 없는 상황이다. 회사 외부에서는 4차 산업혁명 이슈와 함께 경쟁이 가속화되고 있다. 회사 내부에서는 일하는 시간은 줄어들어도 생산성은 높아져야 하니 일하는 방식의 변화가 필요하다. 이 양쪽을 아우르는 변화가 바로 디지털 전환이다.

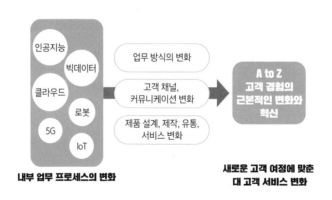

디지털 전환이란 결국 우리가 알고 있는 4차 산업혁명의 다양한 키워드인 인공지능, 빅데이터, 클라우드, 로봇과 같은 IT 기술을 바탕으로 내부에서 업무 방식을 변화시키고, 외부로는 대고객 서비스는 물론 제품 설계, 제작, 유통에 이르기까지 근본적인 변화를 일으키는 것을 뜻한다. 물론 적용이 어려운 조직들도 있다. 하지만 기준이 정해졌으니 시간이 걸리더라도 어떻게 해서든 방법을 찾아야 한다. tvN 드라마 <슬기로운 의사생활>의 경우 그 방법을 찾은 아주 좋은 예라고 할 수 있다. 드라마의 인기에 힘입어 주 2회 방송을 해도 되었지만, 빠듯한 일정과 쪽대본이라는 기존 문제에서 벗어나기 위해 주 52시간을 지키며 주 1회 방송으로 변화를 주었다.[9]

외부 환경 변화인 4차 산업혁명 이슈와 더불어 업무 혁신인 디지털 전환이 적용되어 비효율적인 업무들이 효율적인 업무로 변경되기 시작했다. 안 된다는 변명은 해야만 하는 당위성으로 바뀌었다. 이런 변화는 변하기 제일 어렵다는 방송국에

---

9 <'52시간 근무제' 지키기 위해 주 1회 방송하는 '슬기로운 의사생활'>(https://www.insight.co.kr/news/279251)

도 영향을 미치고 있다.

주 5일제 52시간을 넘어 주 4일제를 시험하는 곳들도 생겨나고 있다. 유니레버, SKT, 에듀윌, 롯데 면세점 등 다양한 곳들이 주 4일제를 테스트하는 중이다. 결국 회사에서 가장 중요한 건 가족 같은 분위기가 아닌 실적이다. 행복한 직원들이 실적도 올릴 수 있다면 그들이 더 행복해질 수 있는 방법을 찾는 게 맞지 않을까? 52시간 근무제 시행 이후 일할 때 확실하게 일하고 확실하게 쉬자는 쪽과 오히려 업무 강도가 너무 올라갔다는 부정적인 의견도 있지만 이 역시도 언젠가는 정리될 이야기다. 이렇듯 주 52시간 근무제 이슈 이후 국내 조직들의 일하는 방식은 천천히, 하지만 확실하게 바뀌고 있는 중이다.

그런데 이것만으로는 충분하지 않다. 차츰차츰 변화해오던 10년의 시간을 단 2~3개월 만에 압축한 일이 벌어졌다. 바로 코로나19의 위기다.

코로나 시대의
일하는 방식

언제가 올 거라고 모두가 생각했지만 그게 지금이라고는 생각하지 못했을 거다. 코로나19로 인해 이동이 멈추고, 업무가 멈췄다. 선제적 대응으로 재택근무를 선언했던 많은 곳들은 재택근무 기간이 너무 길어지자 하나둘씩 복귀를 했다. 혹은 그렇지 않았던 회사들도 갑작스럽게 확진자가 발생이라도 하면 회사 문을 닫고 집에 가서 일을 해야 했다.

2020년 코로나19 이후 재택근무와 원격근무(리모트워크)는 선택이 아니라 필수가 됐다. 길게는 한 달 이상 짧게는

2~3일이라도 재택근무를 하는 곳들이 늘어나기 시작했다.

이에 따라 재택근무의 장점과 단점 역시 명확하게 드러났다. 대표적으로 몇 가지만 이야기해보자. 가장 큰 장점은 역시 출퇴근 시간이 없다는 것. 서울 같은 대도시의 경우 집값이 비싸다 보니 일은 서울에서 하고 경기도에 살면서 출퇴근하는 사람이 많았다. 매일 출퇴근에 쓰는 시간과 비용만 해도 만만치 않은 상황이었다. 여기에 소모되는 시간과 비용이 해결된 건 엄청난 장점이다. 편한 복장을 입을 수 있다는 것도 장점이다. 매일 같은 옷을 입고 출근할 수도 없고, 많은 부분에서 자율화가 이루어졌다고 해도 더운 여름에 반바지를 입고 출근하는 건 눈치가 보이는 일이다. 하지만 집에서 일을 하게 되면 편한 옷을 입으면 되니 옷을 신경 써야 하는 귀찮음도 해결되고, 새 옷을 사는 비용도 절감된다. 마지막으로 집중 근무. 회사에서 일하며 우리는 정말 많은 시간을 방해받는다. 각자가 내는 생활 소음은 물론 갑자기 걸려오는 전화, 메시지 소리, 이메일까지 정신없이 처리하기 바쁜데 갑자기 회의가 잡히거나 차 한잔 하는 짧은 시간도 일의 몰입을 방해한다. 이렇다 보니 집중해서 한 시간이면 끝날 일을 두세 시간에 걸쳐서 하게 되는 경우도 생긴다. 결국 야근을 하게 된다. 하지만 집에서 일할 경우 혼자서 꽤 높은 집중력을 발휘해서 일을 끝낼 수 있는 장점이 있었다.

좋은 점만 있을까? 앞에서 이야기한 장점은 고스란히 단점이 될 수 있다.

첫 번째, 업무 피로도다. 회사에서는 방해 요인 때문에 집중을 못 한다고 했지만 재택근무의 경우 일하는 시간 내내 쉬라고 이야기해주는 사람이 없다. 몇 시간이고 앉아서 일을 계속하는 경우가 생긴다. 심한 경우에는 아침부터 저녁 늦게까지 야근을 하게 되는 경우도 있다. 출퇴근이 없다는 것도 마찬가지다. 2020년 내내 워라밸의 의미가 모호해졌다. 워크 앤 라이프 밸러스의 기본은 일과 생활의 분리다. 출퇴근 거리가 길거나 짧거나와 관계없이 회사에서 나와 집까지 가는 거리와 시간은 일에서 생활로 돌아오는 준비 시간이다. 그런데 집이 일하는 곳이 되는 순간 거리감은 사라지고 일과 생활은 분리가 안 되기 시작했다. 여기서 오는 피로감 역시 만만치 않다.

집에서 혼자 일을 한다면 견딜 만하지만 코로나19 시대의 문제점은 혼자가 아닌 모두가 함께 집에 있다는 데 있다. 아무리 아침 9시부터 저녁 6시까지는 실제로 출근한 것과 똑같으니 일하는 나를 건드리지 말아달라고 이야기하더라도 말처럼 쉬울까. 일이 많거나 적거나 어쨌든 아이들 입장에서는 엄마가 집에 있고, 아빠가 집에 있다. 회사 사람들과 화상 회의를 하는데 아이들이 밖에서 노래를 부르고 문을 두드리지만 않으면 다행이다. 이 때문에 아이들이 집에 있는 경우 재택근무를 하려면 배우자의 도움이 필수였다.

마지막으로 소통이다. '방해'라고 이야기했지만 회사에서는 같은 부서 혹은 다른 부서 사람들과 해결해야 할 일이 있을 때, 만나서 빠르게 의견을 교환하고 헤어질 수 있었다. 대면의 장점은 서로 충분한 자료를 가지고 이야기를 나누며 신속하게 해결할 수 있다는 점과 회의 때 감정이 상하더라도 커피 한잔 마시면서 해결할 수 있다는 점인데 재택근무는 기본적으로 소통이 비대면으로 진행된다. 다른 직원과 잠깐 이야기를 하려면 메시지를 보낸 후 기다려야 하고, 화상 미팅 역시 얼굴은 보이지만 오프라인처럼 긴밀하게 이야기를 할 수 없으니 실질적으로 소통은 꽤 어려웠다.

그렇다면 어떻게 해야 할까? 일하는 방식을 바꿔야 한다. 코로나19가 종식되고 다시 원래대로 돌아오더라도 일하는 방식은 지금부터 바꿔나가지 않으면 안 된다. 뉴 노멀의 시대, 재택근무 때문에 커뮤니케이션이 어려운 이유는 새로운 방식의 커뮤니케이션이 익숙하지 않기 때문이다. 사람은 익숙하지 않은 것들을 일부러 배워서 적용하려고 하지 않는다. 어떤 새로운 효율적인 시스템을 도입한다고 해도 조금 지나면 비효율적인 예전 방식으로 일하게 되는 건 다 이 때문이다.

그렇다면 어떻게 해야 일하는 방식을 바꾸고 빠르게 적용할 수 있을까? 우리는 두 가지 점에 주목해야 한다. 바로 인식 변화와 시스템 변화다(이중 시스템은 눈에 보이지 않는 조직문화와 지금 당장 눈에 보이는 업무 시스템으로 구분할 수 있는데 두 가지 모두를 시스템이라 부르자).

제일 중요한 건 인식의 변화다. 지금까지의 재택근무, 원격근무가 업무를 보조하는 수단이었다면 앞으로의 리모트워크는 업무의 연장이다. 지금까지 업무를 보조하는 수단으로 생각되었기에 누군가가 원격근무를 한다, 재택근무를 한다는 이야기를 하면 '집에서 노는 것', '누구는 그렇게 할 줄 모르냐'라는 말을 들으며 핀잔의 대상이 될 수밖에 없었다. 하지만 지금의 원격근무는 단순한 근무 장소의 변경을 넘어선 업무 방식의 변화를 말한다.

인식의 변화는 관리자와 실무자 모두에게서 일어나야 한다. 관리자는 실무자들이 원격으로 일을 하더라도 자신이 맡은 일을 잘할 거라는 믿음을 가져야 한다. 관리자들이 제일 먼저 걱정하는 건 이 부분이다. '과연 지켜보는 사람이 없어도 일을 잘할까? 일하는 시간에 쇼핑을 하거나 놀러가는 건 아닐까?' 직원을 믿지 못하는 불안에서 시작해 '정해진 시간 내에 일이 끝날까?'라는 의문까지 더해지게 된다. 그래서일까? 우스갯소리였겠지만 재택근무가 도입된 뒤 관련팀에 전화해 '언제 출근하냐고' 물어본 사람은 관리자급 이상이 제일 많았다고 한다.

어떤 회사는 코로나19 이슈로 재택근무에 들어가게 되자 이사님이 '다들 집에서 조심하면서 일하고, 꼭 필요한 일인 경우에 나와서 해도 괜찮습니다'라고 이야기했다. 어떻게 됐을까? 다음날 80% 이상의 직원이 출근했다. 모두들 '내가 하는 일은 중요하니까'란 생각과 '위에서 출근했으니… 눈치가 보여'라는 생각으로 출근한 게 아닐까? 이것은 예전 방식의 일하기, 연휴 마지막 날 출근하는 것과 유사한 방식이다. 이처럼 서로 눈치를 보는 문화에서 제대로 된 원격근무는 불가능하다.

실무자는 어떻게 변해야 할까. 일단 실무자는 어디서든 일할 수 있다. 맡은 업무가 있으니 회사, 스타벅스, 집, 어디라도 일을 끝마치는 건 문제없다. 대신 다음 두 가지를 생각할 필요가 있다. 하나는 회사로 복귀하게 될 시점이 생각보다 꽤 멀 수도 있으니 집에서 무조건 일을 끝낸다는 생각을 가져야 한다. 실무자들 역시 재택근무를 보조 수단이 아니라 핵심수단으로 여겨야 한다. 둘째, 다른 팀원이나 회사에 요청할 일들은 미리미리 요청해두어야 한다. 회사에서 일할 때처럼 급하다고 금방 처리되지 않으니 말이다. 개인적인 이슈로 연락 두절이 될 수도 있기에 미리 챙겨둘 필요가 있다.

그다음, 시스템이다. 일하는 방식이 달라졌으니 이에 따른 시간·커뮤니케이션·작업에 대해 명확한 가이드와 시스템을 정리할 필요가 있다. 재택근무에서 가장 곤란한 일 중 하나가 바로 시간 관리다. 정해진 출퇴근 시간이 없다 보니 일을 더 많이 하는 경우도 있고, 주의력을 잃고 무슨 일을 해야 할지 우선순위가 흐려지는 경우도 있다. 조직에서는 모두의 시간이 같이 흐르지만 재택근무를 하면 각자의 시간은 상대적으로 흐른다. 따라서 원칙을 정할 필요가 있다.

화상회의 시스템을 통해 아침에 5분은 얼굴을 보고 시작하거나 점심시간, 퇴근 시간에는 각자 단톡방에 메시지를 남기는 걸로 마무리해도 좋다. 아무리 바쁘더라도 서로의 얼굴을 보는 시간은 있어야 한다. 이에 대한 시간과 방식 역시 그때그때 바뀌는 게 아니라 미리 정해져 있어야 한다. 특히 '회의 시간' 관리는 필수다. 화상으로 진행하는 회의는 집약적으로 빠르게 끝내야 한다. 오프라인 회의처럼 왜 모였는지 이야기하고, 각자 아이디어를 이야기하고, 정리하고, 그 와중에 다른 사람의 발언에 끼어들어 궁금한 걸 묻고… 이럴 시간이 없다. 정해진 시간에 시작해서 바로 끝내야 하며 참석자들은 미리 내용을 읽고 참석해야 한다. 회의 때 내린 결론은 바로 정리해서 공유해야 효율적인 진행이 가능하다. 오프라인에서도 끝이 없는 마라톤 회의는 지겨운데 이걸 화상으로 진행하게 된다면 모두가 힘들어질 뿐이다.

관리자 입장에서는 매일 혹은 매주 시간을 정해서 직원들과 개별 통화, 영상을 통한 관리가 필요하다. 이때에도 안부를 묻는 데 그치지 않고 현안에 대한 고민, 질문을 미리 텍스트로 공유한 상태에서 진행해야 감시가 아니라 의미 있는 대화를 할 수 있다. 다만 이런 시스템이 정착되기 위해서는 IT 시스템이 필수적으로 뒷받침되어야 한다.

2020년 말 한국은행이 발표한 <코로나19 재택근무 확산, 쟁점과 평가>에 따르면 전체 기업 중 절반이 넘는 54.5%가 재택근무를 경험했고 대기업은 74.5%가 재택근무를 실행했다. 우리가 알 만한 카카오, 네이버, 엔씨소프트, NHN, LG그룹과 SK그룹 등 거의 모든 회사들이 지금도 지속적으로 재택근무를 하거나, 일주일에 이틀 출근하는 등 유연근무제를 도입하는 중이다.

코로나19 이후 업무 관련된 IT 도구들을 가지고 있는 회사들이 성장한 건 바로 이 때문이다. 생각해보자. 회사가 아닌 집에서 일을 하려면 어떤 것들이 필요할까? 반대로 우리가 집이 아닌 회사에서 일하는 이유는 뭘까? 집에 없는 것들이 회사에 있기 때문이다. 회사 책상을 생각해보자. 책상 위의 수많은 것들, 컴퓨터, 전화기, 문서철, 비품 서랍장, 공용 프린터, 개인에게 필요한 장비 외에 함께 일하기 위해 필요한 회의실, 회의실 안의 보딩판, 빔 프로젝터 이외에도 회사에는 동료가 있다.

1980년대 회사의 책상을 상상해보자. 책상 위에 온갖 물건이 다 있어야 일을 할 수 있었다. 그런데 시간이 흐르고 우리의 책상에 필요한 것들이 달라졌다. 팩스는 PDF로, 우편은 이메일로 대체된 지 오래다. 명함 앱을 사용하니 명함집은 더 이상 필요 없게 됐다. 탁상 달력? 있으면 좋지만 구글 캘린더로, 각종 문서는 스캔해서 공용 드라이브에 넣으면 된다.

이미 이론상으로 완벽하게 우리는 언제 어디서나 노트북과 스마트폰만 있으면 일할 수 있는 환경에서 살고 있다. 조금만 더 시간이 지나면 노트북도 필요 없이 스마트폰을 들고 다니다가 아무 곳에나 앉아서 올려놓기만 하면 미리 준비된 모니터와 키보드, 마우스를 이용해 일할 수 있을 것이다. 이미 갤럭시 폰에 탑재된 DEX는 우리가 꿈꾸는 미래이며, 그전에도 스틱 PC는 USB 크기여서 들고 다니며 꽂기만 하면 되는 수준이었다.

세상의 일하는 방식은 로컬에서 클라우드로 넘어간 지 오래다. 우리가 일하는 모든 것들을 구름 위에 던져놓고(클라우드) 연결 가능한 디바이스만 있다면 어디에서든 일할 수 있는 업무 방식, 이를 클라우드 워크라고 부른다. 클라우드 워크는 수많은 스타트업의 일하는 방식이자, 수많은 회사들이 스마트 오피스를 만들며 도입한 방식이며, 수많은 공용 오피스가 생기게 된 이유이기도 하다. 많은 회사들이 벤치마킹하는 위워크와 같은 공용 오피스에 노트북만 가지고 오면 세팅되어 있는 책상, 인터넷, 프린터, 회의실을 이용할 수 있다. 이 공용 오피스는 아주 기본적인 인프라를 제공하는데 다만 전제조건이 있다. 이곳에서 일하기 위해서는 기존 사무실을 구성하던 수많은 업무용 도구가 기본적으로 클라우드에 있어야 한다는 것이다. 스타트업들 역시 마찬가지다. 자신들의 사무실에서 시작하거나 공용 오피스에서 시작하거나 팀에서 사용해야 하는 다양한 프로그램들을 별도로 구축할 비용이 없다. 따라서 회사 메일, 캘린더, 공유 저장 폴더, 메신저 등 각각의 서비스들을 무료로 이용 가능한 프로그램을 사용하거나, 무료에 가까운 서비스들로 채워야 한다.

스마트 오피스를 도입한 회사들은 어떨까? 제일 먼저 도입하는 건 '고정 자리'를 없애는 일이다. 출근하면 원하는 장소에, 아무 곳에나 앉아서 노트북을 펼치고 일을 시작하면 된다. 3층 카페 구석 자리가 될 수도 있고, 사무 공간 한쪽일수도 있다. 비품은 공용 비품창고에서 꺼내 쓰면 된다. 직원 개개인마다 각자의 가위와 각자의 스테플러를 가지고 있어야 할 필요가 없다. 물론 이렇게 일을 하려면 이런 식으로 일하는 걸 허용하는 인식 변화가 있은 뒤에야 가능할 것이다.

그런데 클라우드 방식으로 일하는 건 어렵지 않을까? 사실 가장 우려가 되는 건 보안이다. 작은 회사야 상관없다고 해도 대기업이나 공공기관이 클라우드를 도입하는 건 너무 어려운 일이다. 하지만 이렇게 생각하는 것 역시 과거의 이야기다. 로컬보다 클라우드가 보안에 있어 더 안정적이다. 예를 들어 여러분들의 스마트폰에서 가장 큰 용량을 차지하는 건 뭘까? 바로 사진과 동영상이다. 어느 날 스마트폰을 분실한다면? 끔찍한 일이다. 백업이 필요한 이유다. 아이 클라우드, 구글 포토에 백업을 하면 안전하게 유지할 수 있다. 보안? 애플, 구글, 마이크로소프트와 같은 회사들의 보안이 우리집 컴퓨터의 백신 프로그램보다 안전하다.

개인이 아니라 미국 국방부라면 어떨까. 가장 많은 해킹의 대상이 된다는 미국 국방부는 2020년 마이크로소프트 클라우드를 파트너로 선택했다. 우리나라 정부 역시 2025년까지 모든 IT 시스템을 클라우드로 옮길 것을 공식화했다. 기업들도 마찬가지다. 인터넷데이터센터[IDC]는 2021년에 기업의 80%가 클라우드 중심으로 인프라를 전환할 거라 예측했다. 이미 클라우드 방식으로 일하는 건 대세가 됐고 이 변화를 코로나19가 가속화시켰다. 빠르게 적응하지 않으면 살아남지 못하는 시대가 되고 있다.

스마트 오피스에서 일하는 방식, 이 방식을 그대로 집으로 옮겨오면 재택근무가 되지 않을까? 그렇다면 집에서 일하기 위해 필요한 것들도 역시 똑같다. 우선 컴퓨터가 필요하다. 회사에서 노트북을 받았다면 괜찮지만 데스크톱을 받았다면 조금 피곤해진다. 이때 두 가지 방법이 있는데 어떤 회사는 집으로 데스크톱을 보내주기도 했고, 어떤 회사는 가상 접속망을 열어 집에서 일하는 직원들이 자신의 회사 PC에 원격으로 접속해 일할 수 있는 방법을 구축하기도 했다. 하지만 대부분의 회사들은 전자를 택했다. 하지만 회사 컴퓨터를 쓸 수도 없고, 집에서 일을 해야 하는 경우라면 어떨까.

바로 이런 기회를 놓치지 않은 것이 마이크로소프트의 마이크로소프트 365다. 마이크로소프트 365는 넷플릭스와 같은 구독형 서비스로 매달 일정 금액의 비용을 지불하면 최신 버전의 오피스 프로그램을 PC, 맥, 폰, 패드에 설치할 수 있고 웹에 접속해 사용할 수 있는 클라우드까지 이용할 수 있다.

재택근무를 위한 프로그램 설치는 해결됐다. 남은 건 작업 결과물의 저장과 다른 직원들과의 커뮤니케이션이다. 이런 시스템을 통합 제공하는 서비스가 바로 '협업 툴'이다.

협업 툴은 말 그대로 혼자서 하는 업무가 아닌 다른 사람들과의 협업이 필요할 때 사용하는 서비스를 의미한다. 그렇다면 우리는 언제 다른 사람들과 협업을 할까? 다른 사람들과 회의를 진행해야 할 때, 전화, 메신저를 통해 의사소통을 해야 할 때, 안건에 대해 보고를 하고 결재를 받아야 할 때 등 다양한 상황에서, 업무의 모든 순간에 우리는 협업이 필요하다. 이런 협업을 비대면으로 가능하게 해주는 협업 툴의 성장은 앞으로 계속될 수밖에 없을 것이다.

협업 툴
대전

'**코**로나19 신데렐라'라는 별칭을 얻으며 급부상한 회사가

있다. 갑작스럽게 집에서 일을 하게 된 후 회사 사람들과 영상

통화를 해야 할 때, 강의를 해야 할 때… 여기까지만 이야기해

도 모르는 사람이 없는 서비스, 바로 줌이다. 줌의 2020년 3분

기 매출은 7억 7,720만 달러(약 8,600억 원) 이상이었다. 이것

은 2019년 대비 367% 급증한 숫자다. 매출은 2배 이상 수직

상승했고, 사용자는 하루 3억 명으로 늘었다. 너도 나도 모두가

줌으로 만나는 세상은 2020년 내내 계속됐다. 아이들은 집에

서 줌을 통해 선생님과 친구들을 만났고, 강의와 세미나는 줌 라이브로 대체됐다. 회사에서 간단한 회의를 진행할 때에도 줌 사용은 이어졌다. 도대체 줌의 어떤 점 때문에 수많은 사람들이 편리하게 사용할 수 있었던 걸까. 세 가지 이유를 찾아볼 수 있다.

바로 저렴한 비용, 사용의 편의성, 안정적인 연결이다. 줌은 40분의 시간 제한이 있지만 기본적으로 무료 사용이다. 한 달에 2만 5,000원 정도의 비용만 지불하면 무제한으로 100명 이하의 사람들과 얼마든지 대화를 나눌 수 있다. 게다가 PC는 물론 스마트폰, 태블릿에서도 쉽게 사용할 수 있으며 고화질로 매끄럽게 연결이 된다. 여기에 위협을 느낀 건 기존 협업 툴 시장의 강자들이었다. 대표적으로 마이크로소프트는 마이크로소프트 365내에 오피스 프로그램 외에, 클라우드 저장 장소인 원드라이브, 메신저 프로그램 팀즈 등 강력한 기능을 가지고 있었다. 구글 역시 구글 미트라는 화상 시스템이 있었지만 새로운 사용자를 늘리기에는 비용적인 면에서 줌에 비해 비싼 편이었다. 결국 코로나19로 인해 한시적으로 구글과 마이크로소프트 두 회사는 화상 서비스를 무료로 오픈할 수밖에 없었다.

코로나19로 인해 화상 회의 서비스가 부각되었지만 이전까지 화상 회의 시스템은 있으면 좋지만 없어도 괜찮고, 있어도 잘 쓰지 않는 서비스였다. 지방에 있는 동료들, 해외에 있는 사람들과 이야기할 때가 아니라면 굳이 사용하지 않는 게 화상 회의 시스템이었다. 지금은 아이폰의 '페이스타임', 카카오 화상 통화 덕분에 친구들이나 가족들끼리 영상통화하는 게 자연스럽지만 그 전에는 어색해서 잘 쓰지 않는 기능이었다.

화상으로 진행되었던 커뮤니케이션에서는 줌이 압도적이었지만 일반 메신저 시장은 전혀 달랐다. 여러분들은 직장 동료와 메신저로 의사소통을 할 때 어떤 프로그램을 이용하는가? 아마 대부분은 '그룹웨어'라고 답할 텐데 회사가 아니라 외부에 있는 동료와 무엇으로 이야기하는지 물으면 '카카오톡'을 쓴다고 하는 곳이 아직도 많다.

모바일에서 그룹 메신저를 쓰지 않는 이유는 프로그램이 모바일 버전을 지원하지 않거나 불편하기 때문이다. 그렇기에 카카오톡을 쓰지만 좀 이상한 점이 있다. 회사에서 진행되는 일들의 대부분은 '대외비'라고 하는데 외부에 나가면 안 되는 문서나 대화를 카카오톡으로 주고받게 되면 보안상 위험하지 않을까?

그룹 메신저보다 가볍고, 보안도 지키며, 편하게 사용할 수 있는 메신저, 비즈니스 메신저 시장의 성숙은 아이러니하게도 카카오톡의 대항마가 필요했기 때문이었다. 해외에서 이미 유명하고 국내에서도 많이 사용하는 비즈니스 메신저 서비스는 슬랙(Slack)이다. 개발자 조직에서 사용하기 시작한 슬랙은 곧 국내에서 대표적인 비즈니스 메신저로 자리 잡았다. 이 프로그램에도 약점은 있다. 하나는 대표 메뉴들이 영어로 되어 있어 영어에 익숙한 사람들이 아니라면 불편하다는 점이다. 다른 하나는 해외 서비스이다 보니 조직도가 없다는 것이다. 이것이 국내 협업 툴과 해외 협업 툴의 차이 중 하나다. 많이 사라지긴 했지만 아직도 기업에는 조직도가 중요하다. 누가 누구 밑에 있고, 어느 부서에 있는지가 보여야 하며, 전자 결재를 올릴 때에도 결재, 참조 등 순서가 틀리면 승인이 나지 않기도 하니 말이다. 하루하루가 바쁜데 이런 것 때문에 결재가 되지 않는다면 어이없는 일이기는 하지만 이 시스템이 바뀌려면 아주 오랜 시간이 걸릴 것으로 보인다.

마지막 약점은 이 메신저에 익숙해지기까지 시간이 걸린다는 데 있다. 슬랙을 처음 쓰는 사람들은 이 메신저의 메뉴를 익히는 데 꽤 시간이 필요하다. 이 모든 단점을 보완하여 슬랙은 10월부터 한국어 서비스를 지원하기 시작했다. 심지어 세일즈포스 닷컴에서 슬랙을 인수해 이제는 마이크로소프트, 구글과 겨뤄도 빠지지 않을 정도의 스펙을 보유하게 되었다.

카카오는 개인 용도에 적합하고 슬랙은 사용이 어렵다. 이 틈새를 파고 들어간 국내 협업 툴이 있다. 대표적으로 네이버 웍스(라인웍스에서 이름이 바뀌었다), 잔디, 콜라비다. 대부분의 기업들은 그룹웨어를 가지고 있기 때문에 굳이 외부 협업 툴을 사용할 필요가 없다. 그렇기에 이런 서비스들은 그룹웨어를 일순간에 대체하기보다 특정 팀에서 먼저 써보고 다른 팀으로 전파되는 방식으로 전해지고 있다. 그런데 코로나19가 장기화되자 기업들은 저마다 자신들의 특색에 맞는 협업 툴을 찾기 시작했고 덕분에 2020년 협업 툴은 전성시대를 맞았다. 하지만 복병이 나타났다. 카카오에서 2020년 9월 비즈니스 협업 툴 '카카오 워크'를 내놓았다. KT의 KT 웍스와 NHN 두레이도 협업 툴 사업 진출을 선언해 비즈니스 협업 툴 시장은 변화와 성장을 맞이하고 있다. 여기에서는 대표적인 국내 서비스들의 큰 특징을 살펴보며 협업 툴 시장의 변화를 알아보도록 하자.

잔디

잔디의 장점은 메신저 기반에 있다. '협업 툴에서 메신저가 기본이 아닌 데가 있어?'라고 할 수도 있겠지만 잔디는 철저하게 슬랙과 카카오의 대항마로 시작했고, 그만큼 편리하게 사용이 가능하다는 장점을 가지고 있다. 카카오에서 단톡방을 만들 듯 '토픽'을 만들어 특정 구성원들과 대화를 하고, 토픽 내에서 사진 전달, 파일 전달을 할 수 있다. 전체 대화 내역에서 검색을 하거나 @멘션 기능으로 특정인을 호출하는 등 카카오톡에서 아쉬웠던 기능이 모두 들어가 있다. 실제로 잔디로 메시지를 주고받으며 업무를 처리하다 보면 이메일이 더 이상 필요 없다는 걸 느끼게 된다.

토픽 기반의 메신저형 협업 툴 잔디

게다가 처음부터 국내뿐 아니라 글로벌 시장에도 함께 진출했기에 일본, 베트남, 말레이시아 등 60여 개 국가에서 서비스가 되고 있다. 대만에서는 협업 툴 부분 1위, 2020년 9월에는 140억 투자 유치도 성공했다. 이 말은 해외 비즈니스를 하는 기업들에게도 상당히 유용하게 쓰일 수 있는 서비스라는 걸 의미한다.

콜라비

잔디가 메신저로 시작해 협업으로 확장했다면 콜라비는 협업으로 시작해 메신저까지 서비스하게 된 협업 툴이다. 콜라비는 실리콘 밸리를 중심으로 성장한 '원페이지 협업 툴'이다. 예를 들어 '웹페이지 제작'이라는 프로젝트가 있다면 해당 페이지를 만들고 그 안에서 동시에 편집하는 문서, 각자 해야 하는 일, 멘션을 통한 의사소통, 첨부파일 등을 한눈에 볼 수 있고, todo - doing - done 으로 이어지는 '칸반 시스템'을 적용해 현재 진행되는 프로젝트를 한눈에 볼 수 있도록 만든 것이 특징이다.

원페이지 협업 툴 콜라비

네이버웍스

네이버의 네임 밸류와 자금력 그리고 기술력이 합쳐지면 어떻게 될까. 2017년 '라인웍스'라는 이름으로 업무용 메시지, 메일, 캘린더, 드라이브 기능을 제공하기 시작, 2020년 10월부터는 네이버웍스로 브랜드명을 바꿔 서비스 중인 협업 툴이다. 네이버웍스의 가장 큰 장점이자 단점은 기존 회사의 그룹웨어와 유사하다는 점이다. 메신저를 기반으로 하거나 원페이지 협업 툴이 아닌 메일, 메신저, 캘린더, 저장 공간을 기본적으로 제공한다. 또 하나의 장점은 다른 회사의 네이버웍스 사용자나 라인 메신저 사용자들을 메시지방에 초대해 대화를 나눌 수 있다는 점이다.

생산성 기능을 하나의 앱으로 통합한 네이버웍스

이외에도 모바일 사원증 내장, 회의 일정·할 일·메일 등의 자동 공개와 공유, IoT 시스템 연결로 업무와 관련된 모든 것을 서비스하기 위해 확장해내가고 있다.

카카오워크

2020년 9월 출시한 카카오워크는 그동안 '카카오톡 말고 비즈니스 메신저'라는 슬로건으로 공격당했던 부분을 보완해 등장했다. 카카오톡과 유사하다는 것이 매력인데 카톡을 하듯 그대로 비즈니스 대화를 이어갈 수 있도록 한 것이 특징이다. 앞서 이야기한 슬랙처럼 '공부'를 하며 쓰지 않아도 된다. 국내 환경에 맞추어 조직도, 근태 시스템이 연동되고, 전자결재 시스템도 이용 가능하다. 이미 구입한 카카오톡 이모티콘이 있으면 여기에서도 사용이 가능하고, 사내 시스템들 역시 바로가기를 통해 쉽게 연결되도록 만든 것이 특징이다. 단점은 후발주자이기 때문에 이미 다른 협업 툴을 이용하고 있는 회사가 카카오워크로 바로 툴을 바꾸기는 힘들 것으로 보인다.

이외에도 협업 툴에는 무료로 쓸 수 있는 서비스와 유료로 쓸 수 있는 서비스들이 정말 많다. 가장 중요한 건 기업에 잘 맞는 툴을 골라야 한다는 것이다. 예를 들어 외부 일정이 많은 조직이라서 서로의 일정을 맞추는 게 급선무라면 구글 캘린더를 활용한 일정 관리를 도입하는 게 좋다. 영상 파일이 많은 조직이라면 외장하드를 대체하기 위해 Vimeo와 같은 전용 동영상 서버를 사용하면 된다. 만약 프로젝트 단위로 복잡하게 움직이는 조직이라면 메신저를 기반으로 한 협업 툴보다 한눈에 보기 편한 원페이지 툴 콜라비와 같은 서비스가 편할 것이다. 이것저것 다 필요 없이 카카오톡을 대신할 메신저가 필요하다면 기업 메신저의 강자 잔디를 기본으로 다양한 서비스를 활용해보는 걸 추천한다.

더 중요한 건 기업의 업무 흐름이 클라우드로 변하고 있으니 그 흐름이 싫든 좋든 여기에 익숙해져야만 한다는 것이다. 특히 자의든 타의든 창업을 했다면 필수적으로 협업 툴의 사용을 익혀야만 한다. 그래야 앞으로 변화가 많은, 새로운 업무 환경에서 살아남을 수 있을 것이다.

5

뉴 노멀 시대의 학교:

배우는 방식이 달라진다

노멀 시대의
교육 방식

학교에 간다. 출석을 부른다. 수업을 한다. 선생님은 설명을 하고, 때로는 칠판에 판서를 하고 가끔 스크린을 사용한다. 아이들은 열심히 적는다. 발표를 한다. 과제를 낸다. 과제를 적는다. 다음날 과제를 확인한다. 발표를 한다. 시험을 본다. 채점을 한다. 성적을 발표한다. 코로나19 이전의 시대에 대부분의 교육 방식은 위의 방식에서 크게 벗어나지 않았다.

초·중·고·대학교 및 성인 교육은 교육 내용의 차이는 있어도 형태는 다르지 않았다. 이렇게 반복되는 교육에 변화가 시작된 건 4차 산업혁명 이슈 이후였다. 2016년 클라우스 슈밥이 '일자리의 변화'를 이야기했고,[10] 이후 뱅크오브아메리카와 옥스포드 대학 연구팀이 작성한 <직업의 미래> 보고서에서는 2020년까지 주요 선진국에서 710만 개의 일자리가 사라지고 200만 개의 일자리가 창출될 거라는 이야기가 나오기도 했었다. 2020년이 지난 지금 사라진 일자리도 창출된 일자리도 명확하지 않지만 2021년 이후 일자리 변화는 더 가속화될 것으로 보인다. 국내의 경우 2020년 실업급여 지급액은 12조 원에 달했다. 은행 점포는 216곳이 사라졌고, 취업시장에도 한파가 계속됐다. 대기업들은 2021년도 신규채용 계획을 세우지 못했고, 신규채용을 하지 않겠다는 곳도 24%가 넘을 정도였다.

4차 산업혁명의 기술 발달로 일자리가 줄어들 거라고 예상은 했지만 우리의 예상보다 더 빠르게 일자리는 줄어들고 있다. 그럼에도 불구하고 누군가는 일을 하고 있고, 누군가는 창

---

10 <앞으로 5년간 일자리 710만 개 사라진다>(https://www.hankyung.com/international/article/2016011956851)

업을 하고 있다. 다가오는 시대를 어떻게 준비해야 할까. 뉴 노멀의 시대, 교육은 어떻게 바뀌고 있을까.

2015년 개정 교육과정의 핵심은 '인문·사회·과학기술에 대한 기초 소양 함양'과 인문학적 상상력과 과학기술 창조력을 갖춘 '창의 융합형 인재'로 학생들을 성장시키는 게 목표였다. 이어 소프트웨어 교육이 중요시됐다. 쉽게 말해 '코딩'을 기본 교육으로 도입하고 초등학교는 실과 교과의 ICT 활용 중심 과정이, 중학교는 '정보'를 필수과목으로, 고등학교는 '정보'를 일반 선택과목으로 전환하고 소프트웨어 중심으로 개편이 이뤄졌다. 이렇게 보면 엄청난 변화가 일어난 것 같지만 사실 그렇지 않았다. 초등학교 5~6학년의 경우 소프트웨어 기초 소양 교육을 17시간 내외로 학습한다. 2년 동안 17시간이기에 한 달로 나누면 한 시간도 채 되지 않는다. 하지만 '코딩 의무화' 이야기에 코딩과 관련된 교육기관과 관련 상품들이 범람하기 시작했다. 그렇게 코딩 사교육이 늘어났지만 아이들의 코딩 실력이 좋아졌는지는 의문이다.

아쉽게도 우리의 교육은 이전과 크게 달라지지 않았다. 결국 대학을 가야 하고, 취업을 하거나 창업을 해야 하는 흐름에서 자신이 원하는 분야를 찾고 해당 교육을 받는 것보다 3년, 길면 6년이라는 중·고등학교 시절 동안 성적을 올리고 시험을 봐야하는 일은 변하지 않았다. 2018년 JTBC 드라마 <스카이캐슬>은 역대 최고 전국 시청률(23.7%)을 기록하며 우리의 씁쓸한 현실을 그대로 보여줬다.

노멀의 시대, 교육의 3요소는 선생님, 학생, 교실이었다. 교실이 있고, 선생님이 있고 학생들은 이곳에 와서 공부를 한다. 2020년 코로나19는 교실을 없애버렸고, 모일 수 있는 장소가 없어진 상황에서 아이들은 방황했고 수업은 제대로 자리 잡지 못했다. 혼란스러운 상황에 질서를 부여한 건 바로 디지털이었다. 에듀테크 혹은 스마트에듀라고 불리는 교육 시스템들은 이제 새로운 도약을 맞이하게 되었다.

뉴 노멀 시대
교육 방식

2020년, 코로나19 확진자 증가로 많은 기업들이 재택근무를 시작했다. 집에서 일하게 된 직장인들에게 두 가지 고민이 생겼다. 하나는 집에서도 회사에서 일하는 것과 같이 업무 생산성을 높여야 한다는 것, 두 번째는 집에 있는 아이들을 돌보는 것이었다. 특히 초등학생의 경우 스스로 시간을 정해서 공부를 하는 학생들은 많지 않다. 게다가 맞벌이 부부들의 경우 아이들을 돌봐줄 조부모가 없다면 돌봄이 가능한 곳에 맡길 수도 없는 상황이었다. 아이들과 함께 있는 시간에 재택근무에 온전

히 집중하는 건 불가능한 일이었다. 이런 고민을 하던 재택근
무자들을 구해준 건 EBS 2주 라이브 특강이었다. 학교 진도에
맞춰서 동일한 시간에 강의가 진행되는 동안 아이들은 실시간
라이브 강의를 들었고, 채팅을 통해 친구들과 소통하기도 했다.

EBS 2주 라이브 특강

물론 초반에는 서버 문제로 영상이 느려지거나 끊기는 일도 있
었고, 노트북과 태블릿 PC가 없는 학생들의 경우 구매를 해야

한다는 단점이 있었지만 시간이 갈수록 모두가 여기에 적응해 갔다. 문제는 그 이후였다. 이후 아이들의 학습은 라이브가 아니라 온라인 클래스로 대체되었는데 과목별 대부분의 영상들은 온라인 영상으로 적용됐고, 가끔씩만 줌 라이브로 진행됐다. 모든 선생님들이 각각 영상을 만들어서 올리면 좋겠지만 짧은 7분짜리 영상을 만들려고 해도 꽤 많은 노력과 시간이 필요했다. 그렇다고 전체 시간을 라이브 강의로 진행하려면 모든 아이들이 접속 가능한 환경·서버 구축이 되어야 하는데 그 환경을 만드는 것도 어려운 일이었다.

결국 문제는 코로나19로 인한 거리두기 시간이 너무 길어졌다는 데 있었다. 몇 달이 지나 위기가 끝났다면 다행이었겠지만 1년 가까이 이 위기가 이어지면서 초·중·고·대학교 모든 곳에서 불만이 터져 나왔다. 학교는 가끔씩 가고, 처음부터 온·오프라인 강의가 잘 짜여진 게 아니라 임시방편으로 연결되다 보니 생긴 당연한 결과였다. 그러다가 확진자가 늘어나면 학교는 다시 문을 닫았고, 온라인 강의는 다시 열릴 수밖에 없었다.

정부의 대안은 '온라인 라이브 강의 강화'였다. 그동안 줌,

구글 미트, 마이크로소프트 팀즈 등 다양한 화상 채팅 서비스를 이용해 수업을 진행하던 학교들은 2021년부터 e학습터와 EBS 온라인 클래스를 통해 실시간 쌍방향 수업을 진행하게 되었다. 20만 명이 동시 접속할 수 있고, 출결 확인, 문제풀이, 모둠 토의 등 수업 현장에 필요했던 다양한 기능들이 접목된 에듀테크 서비스가 정식으로 출시되었다. 이것의 중요한 의미는 '정식' 교육 서비스라는 데 있다. 2020년이 혼란의 해였다면 2021년은 새로운 시작의 해로 기억될 것이다. 코로나19 이후에도 이미 구축되어 있는 시스템은 사라지지 않는다. 이에 대한 활용도가 올라간다면 현재와는 완전히 다른 모습의 실시간 라이브 강의를 공교육에서 자주 볼 수 있을 거라 예상된다.

그런데 문제는 따로 있다. 학교의 목적이 지식 전달이라면 각 학급별로 온라인 강의를 준비하고, 온라인 라이브 강의를 진행하며 출결 확인을 해야 할 필요가 없다. 앞서 이야기한 EBS 라이브는 생각보다 수준이 높았고, 아이들의 집중력도 좋았다. 이미 우리나라의 교육 시스템은 온라인 강의로 학년별, 과목별 제일 잘 가르치는 선생님 한 명, 한 명을 모으기만 하면 전국의 아이들을 교육시키는 게 가능한 일이라는 게 입증이 되었다. 그렇다면 왜 그렇게 하지 않는 걸까?

학교의 목적이 지식 전달에만 있는 게 아니기 때문이다. 학교는 아이들의 사회성을 기르는 곳이고, 저학년의 경우 탁아의 의미까지 지니고 있다. 사회성의 측면에서 아무리 모든 수업이 온라인으로 대체될 수 있다고 해도 직접 모둠을 이루어 소통하고 부딪히며 함께 결과물을 만드는 연습은 무엇보다 소중하다. 코로나19는 바로 이 부분의 역할을 없앴다. 따라서 온라인 라이브 수업이 정식화되는 지금도 학교 수업은 지식 측면 외에 '어떻게 아이들을 참여시킬 것인가'에 대한 고민이 이어져야 할 수밖에 없다. 안타깝게도 이에 대한 해답은 아직 없다. 모두가 가보지 않은 길이기에 조심스럽게 함께 만들어가지 않으면 안 된다. 그럼에도 불구하고 아이디어를 얻을 수 있는 곳이 있는데 바로 혁신적인 학교로 주목받는 '미네르바 스쿨'이다.

2011년에 설립, 2014년부터 28명의 신입생으로 시작한 미네르바 스쿨은 처음부터 캠퍼스가 없는 학교였다. 현재는 매년 200명의 신입생을 받고 있고 70개국에서 2만 3,000명이 지원하고 경쟁률도 2%대로 높다. 학생들은 1학년 때 미국 샌프란시스코 기숙사에 머물며 기업 인턴십에 참여해야 하고, 2학년부터는 전 세계를 이동하며 기숙사 생활을 한다. 모든 강의는 실시간 온라인 수업으로 진행이 되는데, 강의는 일반적인 전달이 아닌 묻고 답하는 식으로 진행이 되므로 교사와 학생 모두 상당히 많은 양을 준비해야만 한다.

우리나라에서도 이런 시스템이 가능할까? 하지만 이것 하나만은 확실하다. 코로나19와 비슷한 감염병은 언제든 전 세계를 휩쓸 수 있다. 긍정적으로 보자면 코로나19가 없었다면 원격 교육에 대한 시도도, 교육의 질에 대한 논의도 일어날 수 없었을 것이다.

뉴 노멀 시대의 교육, 지금 이 순간이 교육의 미래가 될 것이다. 만약 교육의 방식이 달라지지 않는다면 도태될 뿐이다.

성인 교육 시장의 변화

코로나19로 인해 변화가 생긴 건 아이들의 교육뿐이 아니다. 성인 교육 시장 역시 변했다. 성인 교육 시장은 재직자 교육과 평생교육으로 나눌 수 있고, 평생교육은 다시 일반 교육과 기관별 교육으로 나눌 수 있다. 재직자 교육은 각 회사에서 시행하는 직원 교육을 이야기한다. 간단하게 정리해보면 회사들은 채용 이후에 신입 교육을 하고, 그 후 승진자 교육을 진행하며, 학교처럼 학점을 적용한 일반 교육도 진행하고 있다. 대부분의 교육은 온라인과 오프라인으로 진행되는데 온라인은

VOD 형식으로 이미 제작된 강의를 사내 교육 사이트에서 수강하는 형식이며, 오프라인 교육은 연수원이나 회사 내의 강의장에서 교육하는 형식으로 진행된다.

그때그때마다 필요에 따라 주먹구구식으로 진행하기보다 매년 연간 교육 계획을 세우고, 이에 따라 교육이 진행되고 중간중간 사회적으로 큰 이슈가 있거나 어떤 강의를 들어야 할 필요가 있을 때에는 유명 연사를 초청해 '특강'을 진행하기도 한다. 다만 아무리 큰 대기업이어도 교육 부서에 인원을 많이 배치하는 회사는 없다. 어떤 곳은 인사팀과 교육팀을 합쳐서 운영하기에 교육 업무가 중요하다고 해도 때론 부수적인 업무로 취급되기도 한다. 따라서 각각의 회사들은 교육 업체들과 계약을 맺고 온라인 콘텐츠를 제작하거나 오프라인 강의 설계, 강사 섭외를 진행한다. 이런 방식은 회사뿐 아니라 공공기관도 마찬가지다. 이 구조를 이해한다면 코로나19가 미친 영향을 더 잘 이해할 수 있을 것이다.

코로나19 확진자가 늘어나면서 일단 집합 교육이 멈췄다. 집합 교육의 특성상 전국에 있는 직원들을 선별해 한곳에서 길게는 한 달, 짧게는 1박 2일간 교육을 해야 하는데, 혹시라도 집단 감염이 일어난다면 앞으로의 모든 교육들이 중단될 수도 있는 상황이었다. 그렇다고 해서 모여서 진행되던 모든 교육을 온라인으로 대체할 수도 없었다. 두세 달이면 코로나19가 끝나거나 잠잠해지리라는 생각에 잠시 멈추었고, 이어 5~6월경에는 인원수를 줄이고, 간격을 넓히며 조별 학습은 금지하면서 모든 것을 조심스럽게 진행하고 있었다. 하지만 지속적으로 확진자가 늘어나자 모든 것이 다시 멈췄다. 집합 교육은 실시간 라이브 강의로 대체되기 시작했다. 학생들의 교육 변화와 비슷하지 않은가? 다행이라면 이미 국내 회사들이 온라인 교육 시스템을 잘 갖추고 있었기에 적응도 빨랐다는 데 있다.

기업들이 택한 실시간 라이브 서비스는 줌이 압도적이었다. 줌을 선택한 이유는 다른 서비스들에 비해 비용이 저렴하고, 안정적이며 접근이 쉬웠기 때문이었다. 다만 4월 이후 줌바밍(화상회의 중 외부인이 접속하는 경우)이나 보안 문제가 이슈가 되어 시스코의 웹엑스를 이용하는 회사도 생겼고, 공공기관은 온나라포털을 이용하기도 했었다.

여기서 다시 두 가지 문제가 생겼다. 하나는 실시간 강의 환경이다. 사내 방송 시스템과 스튜디오가 있는 곳들은 그곳을 활용하면 됐지만 그렇지 않은 곳들은 부랴부랴 시설을 세팅해야 했다. 전자칠판, 카메라, 조명, 마이크 등 화려하게 시설을 갖춘 곳들도 있고, 예산이 부족하거나 가볍게 가길 원하는 곳들은 최소한의 도구, 웹캠, 노트북, 마이크 정도로 세팅을 하기도 했다. 줌으로 강의를 진행해본 사람들은 대부분 '노트북만 있으면 되는 거 아니야?'라고 생각하기 쉽다. 맞다. 하지만 여기에서 두 번째 문제가 발생한다. 바로 강사의 역량이다.

코로나19 이슈가 터지고 줌이 각광받기 시작했을 때 빠르게 적응한 강사들은 실시간 라이브에서 강의하는 방법을 익히고 이에 따라 강의 스타일을 바꿨다. 하지만 그렇지 못한 강사들이 훨씬 많았다. 이런 경우 기존 스타일 그대로, 화면에 PPT 장표를 띄워두고 강의를 진행하면서, 카메라 하나에 강의와 장표 모두를 송출해야 한다. 이것이 별도의 장소가 필요할 수밖에 없는 이유였다. 이런 환경 속에서도 기업 대상의 강의는 빠르게 바뀌어 갔다. 문제가 하나 더 있었다. 바로 특강이다. 특강

시장은 거의 제로였다고 해도 좋을 정도로 줄었다. 미리 세팅한 연간 교육의 경우 어떻게 해서든 진행이 되어야 하기에 라이브 특강으로 진행했지만, 특강은 해도 되고 안 해도 되는 영역이었다. 그런데 이 특강이 기업에서 진행하는 '세미나'라면 이야기가 달라진다.

예를 들어 삼성, LG, 애플, 구글은 모두 해마다 언팩이란 이름의 발표회를 진행한다. 오프라인 행사장에 사람들을 모아놓고 진행하는 신제품 발표회인데, 코로나19로 인해 모든 세미나가 중단됐고 만약 진행한다고 해도 세간의 눈총을 받기가 쉬웠다. 기업들의 선택은 온라인 실시간 영상 송출이었다. 덕분에 '웹 세미나', 줄여서 '웨비나' 시장이 성장했다. 발 빠르게 움직인 곳들은 스튜디오에 몇몇 장비를 더해 세미나 송출이 가능하게끔 만들었다. 이곳을 대여해 라이브 특강을 진행하거나, 아예 출장으로 진행하는 일들이 늘어나며 시간당 100~200만 원까지 진행비가 필요할 정도로 이 시장이 성장했다.

앞으로 어떤 변화가 일어날까. 집합 강의 시장은 사라지게 될까? 그렇지 않다. 이러닝 강의가 넘쳐날 정도로 많아져도 집합 교육이 사라지지 않았던 것과 그 이유가 동일하다. 온라인에서 가능한 일들이 있고 오프라인에서만 가능한 일들이 존재하기 때문이다. 커뮤니케이션, 영업 스킬 등 전달형 강의가 아니라 직접 사람과 소통해야 하는 강의들은 온라인만으로 진행될 수 없다. 함께 협동해서 머리를 짜내 결과를 도출해야 하는 강의 역시 마찬가지다. 다만 그렇다고 해서 오프라인 강의 활성화를 기다릴 수도 없는 상황이다. 조별로 다른 사람들과 팀을 짜서 미션을 해결하는 일 역시 라이브 강의에서 소규모 그룹 진행으로 가능하기 때문이다. 게다가 2020년 하반기부터 교육을 망설이던 회사들도 저마다 실시간 강의가 가능한 스튜디오를 구축했다. 예산을 썼으니 활용을 해야 한다. 실시간 라이브 강의는 이제 사라지지 않을 것이다.

그렇다면 이렇게 해서도 안 되고 저렇게 해서도 안 되고, 대체 어떻게 해야 하는 걸까? 답은 하나다. 지금까지와는 다른 준비를 해야 한다. 오프라인에서만 가능하다고 여겨졌던 다양한 교육들이 이제 온라인에서도 가능해지고 있다. 혁신이라는 이야기를 들어왔지만 제대로 진행되지 않았던 온·오프라인을 병행하는 '플립 러닝(flipped learning)'과 '블렌디드 러닝(blended learning)'이 제대로 뿌리내릴 수 있는 기회가 온 게 아닐까. 물론 이렇게 되기 위해서는 강사뿐 아니라 진행자, 교육생 모두의 노력이 필요하다. 코로나19로 인해 온라인 교육을 받으며 한계를 느낀 교육생과 제대로 준비하지 않으면 기회를 박탈당할 수 있다고 느낀 강사, 2021년 이후 새로운 교육이 이들을 기다리고 있다.

이번에는 일반 성인 교육 시장을 살펴보자. '평생학습'이라고 불리는 교육 시장인데, 직장인들 중에서 자신의 취미나 회사 직무와 관련 없는 능력개발을 위해 공부를 하거나 자신의 관심사에 따라 학습하는 시장을 말한다. 좀 더 깊게 들어가면 대학원까지 다루어야 하지만 여기서는 2020년 이후 지속 성장이 가능할 것으로 보이는 곳들과 그 리스크를 살펴보려고 한다.

이 시장은 세 가지 관점에서 살펴볼 필요가 있다. 라이브, 오디오 시장, 동영상 강의다. 첫째 라이브 특강 시장이 성장했다. 대표적으로 유튜브와 줌을 통한 특강인데, 두 앱의 성격이 약간 다르다. 유튜브의 경우 강의를 공개로 설정해 누구나 들어올 수 있게 하거나, 비공개로 하여 특강을 신청한 사람들만 들어오게 할 수 있다. 가장 큰 장점은 국내나 해외나 유튜브 앱을 사용하지 않는 사람이 없다 보니 학습자 입장에서 따로 준비할 게 없다는 것이다. 가장 큰 단점은 간단한 영상을 송출하려고 해도 카메라 연결부터 음향까지 관리자가 신경 써야 할 게 많다는 점이다.

줌 역시 불특정 다수에게 배포가 가능하다. 강의 참석자들의 얼굴을 띄워놓을 수 있기 때문에 고립감 없이 특강에 참여할 수 있다는 장점이 있고 별도의 스크린에 올려놓는다면 꽤 현장감 있는 모습을 만들 수도 있다. 하지만 집에서 접속하는 많은 사람들은 자신의 카메라를 꺼놓는 경우가 많다. 이렇게 되면 줌으로 진행하지만 유튜브 라이브로 진행하는 것과 다른 점이 없다. 또 하나의 단점은 관리자 측에서 미리 학습자들의 소리를 음소거해놓거나 카메라를 꺼놓게 하지 않으면 집에서 아이들이 떠드는 소리나, 민망한 장면이 송출되는 일이 벌어질 수도 있다는 점이다.

따라서 특강의 경우 단순 전달은 유튜브로, 소통이 필요하고 현장감이 필요하다면 줌이 편하다. 물론 줌으로 열고, 유튜브로 송출하는 경우도 있다. 기업은 물론 지자체에서도 라이브 특강이 많이 열리다 보니 수강생들의 입장에서 유명 강사의 강의를 집에서 편하게 들을 수 있는 장점이 생겼다. 다만 라이브 특강을 수강생들이 '무료'로 듣는 일이 많아지다 보니 유료로 진행하는 강의들이 고퀄리티 강의가 아닌 이상 가격저항선을 이겨내기 힘들어지는 일도 생겼다.

특강이 아니더라도 유튜브로 다양한 지식을 습득할 수 있는 시장이 열렸다. 정부의 부동산 정책이 궁금하다면, 코로나19로 인한 국제 정세가 궁금하다면? 유튜브에 그 답이 있다. 수많은 전문가와 준전문가들이 자신들의 생각을 담은 영상을 라이브로 진행하거나, 편집된 영상을 올리고 있다. 2020년 이쪽 시장에서 꽤 많은 성과를 올린 건 증권사들이다.

2020년 주식 시장은 꽤 괜찮았다. 주식에 관심이 있거나 관심이 없었던 사람들도 유튜브에 자신이 원하는 기업을 검색만 하면 해당 기업에 대한 자세한 설명을 들을 수 있었다. 증권사들도 적극적으로 온라인을 활용해 각종 보도자료를 읽어주거나, 온라인 세미나를 진행했다. 성과는 놀라웠다. 오프라인에서 사람들을 모아 설명회를 진행하려면 여간 힘든 게 아니다. 장소를 구해야 하고, 모객을 해야 하고, 행사 당일에 빈 자리를 볼 때면 스트레스가 밀려온다. 그런데 유튜브 라이브는 다르다. 물론 어렵게 준비했는데 10명 남짓한 사람들만 듣는 경우도 있다. 그래도 괜찮다. 라이브 참여자가 저조해도 녹화된 영상을 약간만 편집해서 올리면 추가적인 홍보도 가능하기 때문이다.

그런데 문제가 있다. 볼만한 고퀄리티 콘텐츠가 너무 많아진 것이다. 하루 종일 스마트폰으로 영상을 보는 것도 일이 되어버렸다.

여기서 두 번째, 오디오 시장의 성장에 주목할 필요가 있다. 요즘은 유튜브를 보는 게 아니라 듣는다. 프리미엄 사용자의 경우 영상을 꺼놔도 음성으로 계속 들을 수 있기 때문에 걷거나, 뛰거나, 운전 중에도 들을 수 있다. 아예 책을 음성으로 들려주는 서비스도 등장했다. 대표적인 오디오북 서비스 윌라 (Welaaa)에서 발표한 2020년 오디오북 트렌드를 보면 윌라 오디오북의 구독자 수는 2019년 대비 2020년 800% 성장했고 월

평균 재생 시간도 250%나 증가했다. 네이버 역시 오디오클립을 가지고 있다. 오디오클립은 책을 읽어주는 오디오북과 팟캐스트 형식의 오디오 클립으로 나누어진다. 전자책 기업 밀리의 서재는 개개인들이 오디오북을 만들어 수익을 가져갈 수 있는 시장을 만들기도 했다. 이뿐만이 아니다. 아마존은 팟캐스트 업체 원더리를, 스포티파이는 김릿 미디어를, 애플은 스카우트 FM을 각각 인수했다. 글로벌 대기업들이 영상이 아닌 음성 시장으로 뛰어든다는 건 그만큼 성장 가능성이 높다고 판단했기 때문일 것이다.

마지막으로 동영상 강의다. 동영상 강의는 유튜브와 같으면서도 다르다. 이미 넘칠 만큼 많은 강의가 있는데, 심지어 무료로 들을 수 있는데 굳이 돈을 내면서 수강하는 사람들이 있을까? 물론이다. 결국 사람들이 원하는 건 확실한 지식의 전달과 피드백이다. 이 시장에서 두각을 드러낸 회사들이 있다. '클래스 101'과 해외 서비스 '마스터 클래스(MasterClass)'가 대표적이다.

부산의 작은 스타트업으로 시작한 '클래스 101'은 '준비물까지 챙겨주는 클래스' 콘셉트로 시작했다. 그림을 배우고 싶은 사람들에게는 그림 도구를, 책을 쓰고 싶은 사람들에게는 관련 도서를 보내주는 서비스를 시작했다. 백화점 문화센터의 디지털화라고 생각하면 된다. 2020년 12월 초 기준으로 회원 수는 연초보다 2.5배, 누적된 클래스 수는 3배 이상 늘었다. 강의를 여는 방식이 기존 방식과 다른 것도 흥미롭다. 예전에 회사들은 강사를 섭외해 강의를 만들고, 광고를 띄운 후 모객을 해서 진행했다. 클래스 101은 강의를 제작하기 전 예비 수요 조사를 한다. 예비 수요 조사에서 어느 정도 신청 인원이 모이면 강의가 오픈되는 방식이다.

해외 서비스인 '마스터 클래스'는 누구나 알 만한 셀럽들을 모아놓은 곳이다. 농구는 스티븐 커리, 연기는 내털리 포트먼, 사업은 하워드 슐츠에게 배울 수 있다면 당연히 선택하고 싶지 않을까. 국내에도 이와 같은 서비스가 있다. 영화연출은 박찬욱에게, 연기는 이병헌에게, 작사는 김이나에게 배울 수 있는 '바이블(ViBLE)'이 있다.

교육, 디지털 전환이 필요하다

앞으로 성인 교육 시장은 어떻게 변하게 될까? 앞서 이야기한 기업 교육과 유사하지만 더 치열하고 힘든 길을 갈 것으로 예상된다. 이들은 기업 교육의 학습자들과 다르게 직접 돈을 내고 듣는 학습자이기에 교육의 질에 더 민감하고, 더 능동적으로 학습한다. 개인의 선택으로 수업을 듣는 것이니 이 학습자들에게 높은 만족도를 주려면, 한 번의 특강은 수업 퀄리티를 올려야 하고, 장기 수업이라면 관리를 해야 한다. 이 부분을 강의 형태별로 나누어 살펴보자. 대부분 저녁에 이루어지는 라이브 특강의 경우 제대로 책상에 앉아서 듣는 사람은 없다. 저녁 식사를 하면서, 운동을 하면서, 퇴근 중에, 정말 다양한 상황에서 수업을 듣게 된다. 그래서 모든 사람들의 상황에 맞춰 진행할 수도 없고 강의 중 나온 질문에 답을 못 해준다고 해도 실망할 필요가 없다. 다만 강의가 끝난 후에 강의자료나 참고자료를 보내서 '이 강의는 스쳐지나가는 강의가 아니구나'라는 인식을 고객에게 줘야 한다.

온라인 강의는 다르다. 클래스 101이 가장 잘 만들어진 형태 중 하나다. 유튜브에 올라온 콘텐츠처럼 모든 강의를 듣게 하는 게 아니라 강의를 쪼개어 일주일, 2주일 코스로 나누어 진행한다. 강의를 듣는 사람들은 각자의 방법으로 온라인 영상을 보지만 댓글이나 게시판을 통해 함께 듣고 있다는 느낌을 받을 수 있다. 여기에 관리자와 강사의 역할 분담이 더 적극적으로 이루어질 필요가 있다.

두 가지를 잘 섞은 형태가 김미경 강사의 MKYU 대학이다. 특강 강사의 셀럽이었던 김미경 강사는 코로나19 이슈 후 상당히 빠르게 자신의 강의를 디지털로 전환했다. 그녀는 책 《리부트》에서 '온택트로 비대면 관계 활성화, 디지털 전환으로 온라인상에 다양한 가게를 입점, 인디펜던트 워커로 조직에 연연하지 않는 독립적인 인재, 세이프티를 기준으로 안전한 고급 브랜드로 자리매김'을 이야기하며, 코로나19에서 살아남기 위한 자신만의 네 가지 공식을 이야기했다. 하지만 이 모든 변화의 핵심에 '디지털 혁신'이 있다. 이에 대해 김미경은 '디지털 전환은 이해하는 것이 아니라 몸으로 체험하는 것이다. (중략) 디지털 세상에 내 이름 석 자를 데뷔시키는 게 가장 먼저 해야 할 일이다. 그리고 나에게 어울리는 최적의 디지털을 서서히 합체해나가면 된다'고 이야기했다. 그렇다면 그녀는 어떻게 했을까?

강의가 멈추면 입금도 멈추고, 생활도 멈춘다. 특강 강사의 경우 이러한 경향이 더 심한데 이때 김미경 강사는 바로 유튜브 채널을 활성화했고, MKYU 대학 구축에 나섰다. 결과적으로 2020년 12월 유튜브 김미경 채널의 구독자는 127만 명을 넘어섰고, 각각의 콘텐츠 조회 수는 3만 회가 넘어가고 있다. 김미경 강사의 이러한 행보는 특강을 위주로 하고 있는 강사라면, 강의를 관리하는 기관이자 회사라면 반드시 눈여겨봐야 할 훌륭한 사례이다.

주목할 만한 IT 교육 서비스

이렇게 빠르게 바뀌고 있는 교육 서비스들을 지원해주는 스마트한 도구들, '에듀테크^(edutech)'로 부를 수 있는 회사에는 어떤 회사들이 있는지 알아보자. 에듀테크란 에듀케이션과 테크를 합친 것을 의미한다. 예전에는 교육이 핵심이었고, 기술은 부수적인 것이었다. 예를 들어 외국어를 배운다고 하면 시험을 위해서 강남의 토익, 토플 학원을 다녔고, 영어 회화를 위해 파고다를 다녔던 것과 같다. 학원에서 정해진 시간에 수업을 듣고 나면 다음 수업 때까지 각 학원에서 제공해주는 온라인 세

션에서 복습을 하는 게 과거의 학원이었다. 지금은 달라졌다. 기술이 교육을 이끌어 가고 있다.

인공지능을 활용한 회사들을 먼저 살펴보자. 대표적으로 '산타토익'이 있다. 2014년에 시작한 스타트업 뤼이드[Riid]에서 2017년 출시한 산타토익은 누적 가입자 140만 명, 해마다 200% 매출 성장이라는 성과를 내고 있다. 산타토익의 핵심은 인공지능이다. 학습 데이터를 분석해서 학습자들이 자주 틀리는 문제, 꼭 풀어야 하는 문제들을 알려준다. 그렇게 되니 성적이 향상될 수밖에 없었다.

이들에게 코로나19는 도약의 기회가 되어주었다. 인공지능 역시 교육에 있어 도입을 해야 한다고 이야기되었지만 쉽지 않은 서비스였다. 그리고 도입할 수밖에 없는 상황이 되었을 때 그곳에 뤼이드가 있었다. 덕분에 뤼이드는 미국 1등 교육기업 캐플란에 인공지능 튜터를 제공하기로 계약을 체결했다. 국내에서는 2020년 8월부터 공인중개사 산타를 출시, 일본 토익 시장 진출, GRE, GMAT 등 인공지능 학습이 가능한 곳이라면 어디로든 확장을 해나가는 중이다.

문제풀이 검색 앱 '콴다$^{(QANDA)}$' 역시 주목할 만하다. '콴다'는 2016년 1월 출시되어 국내뿐 아니라 전 세계 50개 이상의 국가에서 사용 중인 서비스로 원리는 간단하다. 학생들이 문제를 풀다가 모르는 부분을 사진을 찍어서 검색하면 그 풀이법을 확인할 수 있는 것이다. 콴다 서비스의 장점은 문제풀이 데이터가 많이 쌓이면 쌓일수록 응답 속도가 빨라진다는 데 있다. 예전에는 궁금한 부분을 찍어 올리면 그 사진을 누군가 보고 다시 해답을 찍어 답하는 방식이었다면 이제는 하루 80만 건이 넘는 질문 중 10%만 사람이 풀고, 나머지는 기존 해설에서 알려주고 있다. 코로나19 이후 월간 트래픽은 120% 증가, 사용자 수도 200만 명에서 400만 명으로 2배나 늘었다. 2020년 12월에는 콴다 클래스라는 실시간 라이브 강의를 오픈했다.

콴다 클래스

이런 서비스가 콴다에만 있는 건 아니다. 에스티유니타스(ST Unitas)는 'Conects Q&A'를 출시했다. 이 서비스도 문제풀이 앱으로 미국, 캐나다, 영국, 호주에서 구글플레이 스토어 교육 분야 1위를 차지했다. 구현 방법은 콴다와 비슷하다. 사진을 찍어서 올리면 5초 안에 답을 받아볼 수 있고, 그래도 어렵다면 전문 멘토와 1:1 상담을 할 수 있는 음성 통화 기능도 제공된다.

듀오링고(DuoLingo)는 전 세계 1위 언어학습 앱이다. 사용자는 3억 명, 한국에만 220만 명의 가입자가 있다. 수업은 게임 형식으로 진행된다. 모든 과정은 무료로 수강할 수 있고, 문제를 틀려 다섯 번의 하트를 잃게 되면 그 후에는 광고를 보거나 유료로 결제를 해야 계속 언어학습 게임을 즐길 수 있다. 듀오링고 역시 인공지능을 활용해 사용자들의 언어 능력과 성과를 분석, 맞춤형 교육 과정을 제공하고 있다.

'게임처럼 재미있게 영어를 배우자!'라는 슬로건을 가진 캐치잇 잉글리시. 게임과 같은 학습을 국내에서는 캐치잇이 키우고 있다. 이 앱은 국내 다운로드 숫자가 100만에 이른다. 왕초보, 기초, 중급, 상급 등 다양한 단계가 있고 이 단계에 해당하는 건물에서 강의를 받는 방식인데 끊임없는 반복 학습을 통해서 단어와 문장을 암기하게 만드는 게임이다. 친구와의 경쟁은 물론 하루 5분만 무료로 할 수 있어 게임을 계속하기 위해서는 유료로 결제를 해야 한다. 이것이 캐치잇의 성공 요인이다.

이번에는 코딩과 관련된 교육을 살펴보자. 4차 산업혁명의 시대, 코딩은 이제 기초 학문으로 자리 잡아가고 있다. 과거에는 파워포인트와 엑셀을 사용할 줄 몰라도 업무를 하는 데 아무런 지장이 없었다. 하지만 지금은 불편을 넘어 필수 요소가 됐다. 엑셀 프로그램을 만들 줄 몰라도 사용할 줄만 알면 되듯 코딩 역시 직접 코딩을 하지 않더라도 어떻게 작동하는지, 어떻게 활용하면 되는지 기본적으로 알고 있는 게 좋다. 아래 세 개의 웹사이트는 반드시 들어가 살펴보자.

소프트웨어 중심사회

소프트웨어 중심사회(www.software.kr)는 소프트웨어 교육과 관련된 모든 정보를 한눈에 볼 수 있게 만든 곳이다. 정책, 산업정보는 물론 인공지능과 관련한 각종 교육 자료들도 무료로 다운받아 활용할 수 있다.

소프트웨어 중심사회

code.org

가장 좋은 퀄리티로, 무료로 코딩을 배울 수 있는 곳이다. '모든 사람들이 코딩을 배울 수 있게'라는 슬로건으로 만들어졌으며, 어린 아이들에게는 '언플러그드 레슨'이라고 해서 컴퓨터 없이도 코딩의 기초를 배울 수 있는 방식을, 그 이상이라면 기초 코딩을 배울 수 있는 프로그램이 제공된다. 특히 'Hour of Code'에서는 아이들이 좋아하는 '마인크래프트', '겨울왕국' 등의 캐릭터가 나오고, 이 캐릭터를 활용하는 다양한 게임 형태로 구성되어 있어 코딩의 기초를 배우기 좋다.

code.org

스크래치

스크래치(scratch.mit.edu)는 복잡하고 어려운 코딩 용어를 입력할 필요 없이 마우스 드래그&드롭만으로 간단한 코드들을 만들 수 있는 유사 코딩 프로그램이라고 볼 수 있다. MIT Media Lab의 프로젝트로 누구나 쉽게 코딩을 배울 수 있도록 만든 툴이다. 40개 언어로 지원되고 150개국 이상에서 사용할 수 있으며 자신이 만든 작품들을 다른 사람들과 공유할 수 있도록 설계되어 있다.

6
뉴 노멀 시대의 소비:
돈 쓰는 방법이 달라진다

노멀 시대의
소비

옷을 사거나 신발을 사거나, 음식을 사먹을 때 당신은 어떤 방식으로 소비를 하는가. 전통적인 구매는 소비자와 판매자가 만나야 이루어진다. 직접 물건을 만져보고, 경험해보고 그 가격을 지불하는 게 당연한 일이다. 이를 바탕으로 전통시장이 생기고, 식당들이 영업을 하고, 편의점, 백화점, 할인 마트 등 다양한 곳들이 생기게 된다.

변화가 생긴 건 온라인 쇼핑이 확산되면서부터였다. 이 시작과 아직 끝나지 않은 변화의 중심에 아마존이 있다. 1948년부터 매장을 유지해오던 전통적인 장난감 회사 토이저러스(Toys Яus)는 2019년 파산했다. 그 이유 중 하나가 바로 2019년에 돌아온 4억 달러 규모의 부채를 막지 못했기 때문인데 그보다 더 큰 이유는 아마존 때문이라고 할 수 있다. 토이저러스와 아마존은 2000년 초 10년간의 독점 판매권 계약을 맺었다. 2000년이면 인터넷이 자리를 잡기 시작한 때다. 아마존을 통해 물건을 팔았던 토이저러스는 별도의 쇼핑몰을 운영하지 않았고, 덕분에 아마존과 토이저러스 둘 다 온라인 매출을 올릴 수 있었다. 서로 각자 잘하는 영역에 집중하는 것, 이게 바로 윈윈 전략 아닌가. 아마존과 토이저러스의 굳건한 동맹에 금이 간 건 2003년부터다. 아마존에서 토이저러스 외에 마텔 등 다른 완구도 팔리기 시작한 것. 아마존 입장에서는 완구라는 이름의 카테고리가 토이저러스만으로 채워지는 것에 부담이 있었을 것이다. 10년 계약이 끝나고 물건이 빠지게 되는 것과 계약에 있어 우위를 가져가지 못할 수도 있다는 게 아마존의 큰 고민이 아니었을까. 결국 2006년부터 아마존과 토이저러스의 소송이 시작됐다. 소송은 토이저러스의 승리로 끝났다. 하지만 그

승리가 무슨 의미가 있을까. 인터넷 쇼핑, 이커머스가 제대로 자리 잡기 전인 2000년과 2006년 사이, 아마존은 많은 시행착오와 혁신적인 서비스들을 내놓으며 소비자들의 마음을 사로잡았고 그 사이 토이저러스의 온라인 사이트는 자리를 잡지 못했다. 결국 토이저러스는 아마존에 의해 무너진 27번째 회사가 됐다. 물론 아직 토이저러스라는 이름은 사라지지 않았다. 토이저러스는 재기를 노리고 있지만 그렇게 되려면 오랜 시간이 걸릴 것 같다.

'Death by Amazon'이란 지수가 있을 정도로 미국 시장 1위를 차지하는 아마존의 성장에는 많은 회사들의 무너짐이 있었다. 그래서 신사업을 추진할 때면 '아마존이 만약 이 시장에 들어오면 어떻게 해야 하지?'라고 묻는 건 이제 자연스러운 일이 되었다. 아마존처럼 회사 이름이 A로 시작하고 전 세계 이커머스 시장에 영향을 미치는 회사가 하나 더 있다. 어디일까? 힌트는 바로 중국.

그 회사는 바로 알리바바다. 중국 최대의 이커머스 회사이자 중국에서 이베이와 맞서 이긴 기업으로 유명한 알리바바는 나스닥 시장에도 상장되어 있다.

'1111', 국내에서는 몇 년간 1111이란 11월 11일, 빼빼로 데이를 의미했다. 그런데 중국에서 1111은 그 의미가 다르다. 이날은 이제 국내에서도 유명한, 바로 광군제의 시작이다. "외로운 남자들이여 집에서 쇼핑하라"는 멘트로 시작되는 광군제는 한마디로 '할인 판매 행사'이다. 이와 비슷한 행사로 아마존의 '블랙 프라이데이'가 있다. 블랙 프라이데이에 우리가 해외 직구를 하는 이유는 단 하나다. 성능 좋은 물건을 저렴한 가격에 구입하는 것. 저렴한 가격으로 치자면 중국을 빼놓을 수 없는데, 중국은 14억 인구라는 막대한 내수 소비 시장까지 가지고 있는 곳이다. 결국 이 행사의 성공 여부 척도는 바로 하나, 매출이다.

2020년 코로나19로 인한 매출 부진에도 불구하고 알리바바의 11월 11일 행사의 총 거래액^(GMV, Gross Merchandise Value)은 4,982억 위안, 즉 83조 9,000억 원의 매출을 올렸고 광군제는 매년 신기록을 갱신하고 있다. 광군제가 모두의 행사가 된 건 이 매출이 알리바바만의 매출이 아니기 때문이다. 광군제에 참여해 물건을 판매하는 판매자들 역시 역대 최대 매출을 올릴 수 있는 행사이다. 에스티로더는 예약 판매 1억 위안(170억 원)의 매출을 한 시간 10분 만에 올렸고, 닥터 자르트 같은 기업들도 2억 862만 위안(약 354억 원)의 매출을 기록했다.

국내도 마찬가지였다. 11월은 10월 추석과 12월 크리스마스 중간에 있는 달이다. 그런데 우리나라도 달라졌다. 분위기를 바꾼 건 11번가였다. 11번가는 '11월은 십일절'이란 키워드로 마케팅을 시작했고, 이어 이커머스 회사들은 물론 커머스 회사들 모두 11월을 쇼핑 데이로 잡았다. 정부에서도 코리아 세일 페스타라는 이름으로 대기업들의 제품과 중소기업들의 제품 판매에 나서 11월은 이제 국내에서도 쇼핑의 달로 자리 잡게 됐다. 초고속 인터넷의 발달로 시작된 이커머스·온라인 시장이 커질수록 오프라인 시장은 축소될 수밖에 없다. 게다가 스마트폰 등장 이후 모바일 쇼핑이 증가하며 쇼루밍(showrooming), 오프라인에서 제품 정보만 확인하고 실제 구매는 모바일에서 이루어지는 현상은 더 가속화됐다.

그렇다면 오프라인 매장들은 어떻게 살아남을 수 있었을까? 해답은 바로 옴니채널(Omnichannel) 전략에 있었다. 미국의 가

전제품 유통업체인 베스트바이(Best Buy)의 경우 한때 매장 내의 바코드를 고유 바코드로 변경해서 오프라인 매장을 찾은 고객들이 그 제품의 온라인 가격과 비교하지 못하게 막기도 했었다. 이 매장들은 어떻게 됐을까? 짐작하는 데로 매출 하락으로 이어졌다. 결국 베스트바이는 2012년에 12억 달러의 영업 손실과 더불어 50개 매장을 폐쇄하기에 이르렀다. 하지만 옴니 채널 전략으로 영업 전략을 수정한 후 오프라인 매장들은 적극적으로 온·오프를 받아들였다. 옴니는 한마디로 온라인과 오프라인을 차별하지 말자는 걸 뜻한다. 고객이 온라인에서 구매를 해도 오프라인에서 구매를 해도 동일하게 한 회사의 매출로 여긴다는 적극적인 전략은 경영진에서 바뀌지 않으면 절대 도입할 수 없는 전략이다. 아마존의 CEO 제프 베조스는 한 언론과의 인터뷰에서 "베스트바이는 지난 5년간 아주 인상적인 모습을 보여줬다"라고 말했다.[11] 이건 아마존의 공세에도 아직까지 살아남은 베스트바이에 대한 인정이 아니었을까.

---

11 <베조스도 칭찬… '아마존 시대' 베스트바이 생존법>(https://news.mt.co.kr/mtview. php?no=2018072313460919854)

베스트바이는 옴니채널 전략 외에 '긱 스쿼드(Geek Squad)'라는 가정방문 무제한 기술지원 서비스를 구축했다. 예를 들어 우리나라에서 가전제품 매장에서 프린터를 샀다고 생각해보자. 설치를 한 후 얼마 되지 않아 작동이 안 된다면 우리는 어디에 전화를 해야 할까. 제품을 판매한 매장일까 아니면 가전제품을 제조한 곳일까. 당연히 우리는 제조사에 전화를 한다. 그런데 이걸 뒤집은 게 베스트바이다. 베스트바이의 긱 스쿼드는 점포당 30명, 미국 전역 2만 명이 활동 중으로 최대 90분간 제품에 대해 무료로 상담을 할 수 있다. 또한 긱 스쿼드에게 연봉제를 적용해 그들이 서비스에 전념할 수 있는 시스템을 만들었다. 또한 매장을 아예 쇼룸으로 변화시켜 고객들이 매장에서 애플, 삼성, 구글, 아마존의 제품을 비교해볼 수 있도록 만들었다.

오프라인이 잘할 수 있는 부분을 강조하고 온라인 시장에 적극적으로 대응한 결과가 베스트바이의 사례다. 노드스트롬 백화점에도 혁신적인 변화가 있었다. 2017년 노드스트롬 로컬을 오픈했는데 이 매장에는 재고가 없다. 물건을 확인하고 주문은 온라인으로, 하지만 반품을 받아주는 쇼룸 위주의 매장이다. 이런 오프라인 매장 변화에 대해 글로벌 부동산 컨설팅 회사 CBRE는 "보이지 않는 뒤쪽이 더 중요하다. 앞단 진열이 중요한 게 아니다. 도로변 픽업은 뉴 노멀이다. 직원의 배치도 달라져야 한다. 이제 매장의 가치를 평가하는 기준이 달라진다."라며 다섯 가지 변화를 강조했다.

고객들의 눈에 보이지 않는 뒤쪽이 중요한 이유는 온라인 주문 때문이다. 각 매장은 물류 창고보다 더 빠르게 물건을 배송할 수 있는 전진기지가 될 수 있다. 국내 역시 배달의민족이 'B마트'란 이름의 마트 서비스를 내놓은 것과 편의점 배달이 늘어난 것에서 이와 비슷한 사례를 찾을 수 있다. 앞단 진열은 '반품'에 대한 이야기다. 온라인 주문이 늘어나는 만큼 반품도 늘어나기에, 잘 보이는 곳에 반품 공간을 마련하는 것이 중요하다는 이야기이다. 이미 중저가 백화점 체인 콜스는 2019년부터 아마존 반품 센터를 운영하고 있는데, 국내 롯데 아울렛이 중고 리퍼브 전문숍 '올랜드'를 만들고 확장하는 것도 이와 비슷한 전략이라고 할 수 있다.

직원의 역할은 자동화가 진행되면 변할 수밖에 없다. 계산대에 사람이 서 있을 필요가 없다면 직원들은 서비스 응대, 재고 정리 등의 일에 투입되게 된다. 커브 사이드 픽업(Curbside Pickup, 도로변 픽업)은 고객은 차에 앉아 있고 트렁크에 짐을 실어주는 서비스를 이야기하는데 미국 유통회사의 3/4이 이미 이 서비스를 도입했다.

매장의 가치는 이제 판매뿐 아니라 온라인 매출과 물류창고 역할을 고려해서 생각되어야 한다. 이 다섯 가지의 변화는 미국뿐 아니라 국내 기업도 곧 도입할 수밖에 없는 변화다.

뉴 노멀 시대
집 밖에서의 소비 변화

코로나19 이전 노멀의 시대에 우리는 어디나 갈 수 있었고, 물건을 살 수 있었고, 외식을 할 수 있었다. 모바일 결제가 보편화되고 배송과 배달이 발달했지만 그럼에도 불구하고, 직접 가서 구매하고 마시고 먹는 것과는 비교할 수 없었다.

오프라인은 언제나 기준이었고 온라인은 대안이었다. 하지만 코로나19로 인해 직접 이동은 제한되었고, 우리가 빼앗긴 건 이동의 자유만이 아니었다. 물건을 선택하고 경험할 수 있는 자유도 함께 잃어버렸다. 이 시대, 소비의 새로운 기준은 바로 '집'이다. 우리가 하루를 끝내고 온전히 쉴 수 있는 공간, 바쁜 하루를 시작하기 전에 준비할 여유를 가지는 공간인 집은 이제 일터이자, 식당이자, 잠자는 곳으로 변했다. 뉴 노멀 시대의 새로운 소비 키워드 중심에는 그래서 '집'이 가장 큰 공간을 차지할 수밖에 없다.

이런 변화를 보여주는 대표적인 예능이 MBC의 <구해줘 홈즈>다. 오랜만에 공중파에서 '집'을 주제로 한 예능이 등장했다. 이 프로그램은 의뢰인들이 원하는 조건에 해당하는 가격대의 집에 대한 소개와 집의 구조를 보여준다. 또 하나 주목해야 할 예능은 tvN의 <신박한 정리>다. 이 프로그램은 집 안의 공간을 정리하고 재배치해서 집의 다른 모습을 보여주고 있는데 이 프로그램이 다시 한 번 대한민국에 정리 열풍을 불러일으키는 중이다.

집에 있는 시간이 길어지면 길어질수록 집이 답답하고 좁게 느껴진다. '다른 곳에는 어떤 집들이 있을까?' 이 궁금증을 풀어준 게 <구해줘 홈즈>라면 '우리 집을 좀 더 쾌적하게 바꿀 수 없을까?'에 집중한 프로그램이 <신박한 정리>다. 정리 열풍에 맞추어 성장한 서비스가 하나 있다. 정리의 기본은 버리기와 제자리에 두기다. 집에 있다 보면 필요도 없는데 예전에 샀던 물건을 보게 된다. 버리자니 아쉽고, 그렇다고 남 주기는 또 애매하다. 이럴 때 중고 물건으로 팔면 좋겠는데….

당근마켓은 이 열풍을 타고 성장하기 시작했다. 당근마켓은 집 근처에서만 거래할 수 있다는 불편함을 장점으로 바꿔 성공한 서비스다. 매달 MAU가 쿠팡에 근접할 정도로 성장하며 많은 사람들의 관심을 모았다. 2008년 4조 원 규모였던 중고 소비 시장이 2020년 20조 원으로, 5배 이상 성장한 건 바로 이런 이유 때문이다. 여기에 대기업까지 뛰어들었다. 이케아 코리아는 사용했던 가구를 수선해 다시 판매하는 '바이백' 서비스를, 롯데마트는 중고거래 자판기 '파라바라'를 설치해 운영 중이다.

롯데마트의 중고 거래 자판기

쿠팡 역시 중고거래 시장에 진출한다는 이야기가 나올 정도로 '중고'는 하나의 키워드로 자리 잡기 시작했다. '중고로 물건을 잘 샀다'에서 '중고로 물건을 잘 팔았다'라는 이야기로 변화되기 시작했다.

그런데 물건을 잘 사는 시장 역시 '집'을 바탕으로 성장했다. 바로 초대형 TV 판매다. 75인치 TV 시장은 90% 이상 성장했고, 65인치 TV는 55인치를 넘어 현재 1위로 올라섰다. 집에 있는 동안 넷플릭스 같은 OTT 서비스를 이용하는 사람들이 이왕이면 큰 TV로 영상을 보고 싶어 하면서 TV 시장에 변화가 생겼다. 뉴 노멀의 시대, 코로나19가 끝나도 '집'을 기준으로 한 소비는 크게 변하지 않을 것으로 보인다. 이를 바탕으로 집 안과 집 밖의 두 가지 소비 변화를 알아보자.

코로나19 단계가 격상될 때마다 식당은 한가해지고 카페는 문을 닫아야 했다. 하지만 그 와중에도 잘되는 음식점과 잘되는 카페들은 여전히 잘되고, 그 와중에도 사람들이 가게 되는 공간들이 있었다. 공간의 변화와 특징은 여기에서는 IT에 초점을 맞추어 세 가지 키워드로 정리해보려고 한다. 세 가지 키워드는 바로 디지털 콘택트, 무인화, 편의점 플랫폼이다.

2년 전 중국 비즈니스 트립 중 '국내에서도 곧 쓰일 것'이라고 생각했던 서비스가 있었다. 바로 테이블 오더다.

중국의 테이블 오더

앉은 자리에서 종업원을 부를 필요도 없이, 메뉴판을 펼칠 필요도 없이 스마트폰으로 스캔만 하면 메뉴판 확인부터 결제까지 가능한 서비스로 젊은 창업자들이 새로 만든 가게뿐 아니라 이미 오래된 유명한 노포에도 이 서비스가 적용되어 있다는 게 신기했다. 시간이 흘러 국내에서도 이 서비스가 차차 쓰이기 시작했고, 코로나19로 거리두기 단계가 격상되자 이 서비스가 가속화되기 시작했다. 시장의 변화를 이끈 건 바로 카카오에서 시작한 카카오 챗봇 주문과 네이버 테이블 주문이다.

국내 QR 주문 서비스

식당에서 테이블 오더를 하면 종업원을 만나는 접촉을 최소화할 수 있다. 결제를 위해 서 있을 필요가 없다는 것도 큰 장점이다. 이런 변화에 발 맞추어 2020년 12월 신세계 그룹은 쓱오더를 런칭했다. 스타필드 고양을 시작으로 미리 결제를 한 후 음식을 테이크아웃하거나 가서 먹는 방식이다. 이렇듯 더 편한 결제 시스템이 빠르게 확산되고 있다. 카드를 서로 주고받거나, 현금을 주고받을 필요가 전혀 없다. 물론 현재 천천히 확산되는 중이고, 아직도 직접 결제를 더 편하게 생각하는 고객들이 있지만 이 역시도 각 지자체마다 경쟁적으로 만든 지역화폐와 재난지원금 덕분에 모바일 충전과 결제가 익숙한 사회로 빠르게 바뀌어가고 있는 중이다.

2020년 11월을 기점으로 카카오페이와 네이버페이가 대대적으로 광고를 하기 시작한 건 이런 분위기에서 승기를 잡기 위함이었다. 2019년 편의점마다 '카카오페이 됩니다'라는 광고가 붙어 있었다면 2020년 말부터는 편의점마다 '네이버페이로 결제 가능'이란 광고가 자리 잡기 시작했다.

카카오페이와 네이버페이의 광고

이미 우리나라는 어느 정도 동전 없는 사회가 됐고, 이제는 아예 현금 없는 사회로 가고 있는 중이다. 일례로 스타벅스 매장은 현금 없는 매장으로 바뀐 지 오래다. 만약 당신이 점포를 운영하고 있다면 빠르게 간편 결제 시스템을 적용해야만 한다. 고객보다 먼저 사용해보고 적용해야 스마트한 고객들을 잡을 수 있을 것이다.

사용자 입장에서는 가장 편한 서비스를 골라 사용하면 된다. 여기서 또 하나의 경쟁은 카드사·은행과 간편 결제 시스템과의 경쟁이다. 간편 결제는 기본적으로 오프라인에서 결제할 때 간편 결제 시스템과 연결된 은행계좌나 카드에서 돈이 빠져나간다. 그런데 2020년 하반기부터 네이버는 네이버페이 오프라인 포인트 결제를 가능하게 만들었다. 더군다나 네이버와 카카오는 이미 각각 네이버페이 통장과 카카오페이 통장을 발행한 상태다. 이들은 금융권과의 상생에서 독자적인 플랫폼으로 나아가기 시작했는데 소비자들이 카드보다 네이버페이와 카카오페이로 결제하려고 할까? 물론이다. 사람들이 카드를 쓰는 이유는 두 가지다. 후불 결제와 적립 서비스. 간편 결제 서비스는 월 30만 원 한도 내에서 후불제 결제가 가능하게 변경됐다.[12]

적립의 경우 네이버는 이미 네이버페이 포인트로 오프라인 사용 금액 중 일부를 적립해준다. 더 나아가 네이버 플러스 멤버십 회원의 경우 최대 4%까지 추가 적립을 받아 5% 적립을 받을 수 있다.(월 20만 원 한도) 이렇게 되면 기존 카드 사용 빈도는 줄어들 수밖에 없을 것이다. 이 상황에서 가장 타격을

12 <간편결제 '월 30만 원' 후불 허용…제2의 카드대란 우려>(https://www.hankyung.com/economy/article/2020072900396)

입는 건 바로 은행이다. 그래서 2021년 이후 은행도 배달의민족처럼 배달 서비스를 시작할 수 있게 되고, 쿠팡처럼 쇼핑도 가능하게 바뀌게 된다.[13]

디지털 콘택트는 결제 외에 '로봇' 분야의 성장까지 가져왔다. 배달의민족은 이미 서빙 로봇을 전국에 200개 이상 도입했다. 배민은 실내 배송과 실외 배송에 꾸준히 투자를 해왔다. 자체적으로 로봇을 만들지는 않지만, LG전자와 상하이의 로봇 기업 키논 등의 로봇을 가맹점들에게 대여해주는 형태로 투자를 하고 있다. 서빙 로봇의 대여료는 대여 기관과 로봇 종류에 따라 매달 사용료가 다르긴 하지만 대략 월 사용료는 60~70만 원으로 인건비보다 저렴한 편이다.

여기에서 인건비의 절감이 결국 직원 해고로 이어진다고 생각할 수도 있다. 하지만 서빙 로봇에는 두 가지 의미가 있다. 하나는 '신기함'을 고객들에게 선사, 자연스러운 광고 효과를 줄 수 있다. 굳이 사진을 찍어 올려달라는 SNS 마케팅을 하지

---

13 <"은행 앱으로 음식배달 한다"… 금융위, 플랫폼 비즈니스 진출 허용>(http://biz.newdaily.
    co.kr/site/data/html/2020/12/10/2020121000153.html)

않아도 알아서 마케팅이 되니 광고비를 절감할 수 있다. 두 번째는 인건비의 절감보다 중요한 인력 활용의 효율성이다. 홀을 책임지는 서버 한 명이 음식도 나르고, 자리를 정리하고, 결제를 하고, 그때그때마다 고객들의 요구에 맞추게 되면 일이 너무 많아지게 된다. 사람을 상대로 많은 일을 하다 보면 피곤해질 수밖에 없다. 그렇게 되면 서비스의 질은 떨어지게 된다. 서빙 로봇은 이동시간을 단축해주기 때문에 서버들은 고객 서비스에 더 집중할 수 있게 된다. 물론 아직까지는 희망적인 이야기다. 그래도 결국 기술은 사람을 향한다는 걸 잊지 말았으면 한다.

둘째 무인화다. 길거리에서 'ㅇㅇㅅㅋㄹ'이라는 간판을 본적이 있는가? 뭘 하는 곳일까? 아이스크림을 전문적으로 파는 곳이다. 있는 건 오직 아이스크림이 가득 담겨 있는 냉장고뿐. 사고 싶은 걸 담은 다음 결제만 하면 끝이다. 게다가 아이스크림만 있는 게 아니라 다양한 과자류도 비치되어 있다. ㅇㅇㅅㅋㄹ는 무인, 셀프 결제 매장이다. 처음부터 무인 점포였던 건아니다. 하지만 코로나19 이후 무인 점포는 사람들에게 각광받고 있는 중이다. 그런데 무인 가게를 시작하려니 걱정이 앞선다. 도난 사고는 어떻게 해결하지? 지금까지 IT 트렌드를 이야기하며 언급해왔던 무인 점포라면 들어갈 때부터 카드를 찍고 들어가 개인의 동선을 추적하고 나올 때면 그냥 물건만 가지고 나오면 되는 아마존의 스마트 점포, 중국의 빙고 박스 등을 생각하기 쉽다. 그런 스마트 점포에는 딥러닝, 빅데이터, 센서비전 등 다양한 IT 기술이 총 망라되어 있어야 한다. ㅇㅇㅅㅋㄹ에는? IT 기기라곤 CCTV와 무인 카드결제 시스템이 전부다.

그런데도 운영은 잘되고, 평당 매출은 2020년에 2배 이상 늘었으며, 도난사고도 전체 매출의 1%밖에 되지 않을 정도로 적다. 물론 CCTV로 감시하기 때문에 물건을 가져가거나, 여러 물건을 계산하면서 고의적으로 스캐너를 찍지 않는 경우 전부 CCTV에 찍히게 된다.

셀프 결제 매장 'ㅇㅇㅅㅋㄹ'

코로나19 이전에도 있었던 인건비 이슈를 무인점포로 대체한 ㅇㅇㅅㅋㄹ는 2021년에도 엄청나게 성장하고 있다. 그렇다면 다른 점포는 어떨까? 카페들도 무인화에 들어갈 채비를 마치고 있다. 대표적으로 '터치카페'가 있다. 터치카페는 세련된 외관에, 커피 가격은 1,500원~2,400원으로 저렴하다. 커피 자판기의 진화형이라고 볼 수 있다. 좀 더 볼거리가 있는 무인 카페는 '로봇 카페'다. 대표적인 회사는 달콤커피의 '비트'다. 달콤

커피는 2020년 10월 로봇 카페 비트 사업부를 아예 별도 법인으로 분사했다. 24시간 무인 카페를 더 확대하겠다는 이야기다. 이렇게 되면 앞으로 아메리카노 한 잔은 자판기, 편의점, 로봇 그리고 동네 카페가 서로 경쟁을 하게 된다. 카페는 커피 맛은 기본이고 그 분위기 때문에, 사람들이 대화를 하기 위해 찾는 곳이기도 했다. 이동이 멈추고 착석이 금지된 지금, 경쟁력을 키워야 하는 건 '커피의 맛'과 '가격'이다. 굳이 이 카페에서 테이크아웃을 해야 하는 이유, 굳이 배달까지 해서 마셔야 하는 이유를 손님에게 주어야 하기에 고민은 계속될 수밖에 없다.

이런 경쟁 속에서 등장한 게 바로 굿즈 마케팅이다. 스타벅스는 2020년 내내 굿즈 마케팅을 해왔다. 정기적으로 연말에는 다이어리 외에 가방을, 연중에는 '서머 레디백'으로 인기를 모았다. 할리스가 선택한 건 해리포터 굿즈다. 이외에도 던킨, 베스킨라빈스 등 다양한 프랜차이즈 회사들이 굿즈 마케팅으로 자신들의 커피를 마셔야 하는 이유를 어필하고 있는 중이다. 하지만 이것만으로는 충분치 않다. 고객이 오지 않는다면 고객에게 가야 한다. 스타벅스가 배달 서비스에 뛰어든 이유

그리고 여기에 더해야 할 고민은 스타벅스의 문화와 분위기를 어떻게 고객의 집으로 전달할 것인가에 있다.

마지막으로 집 밖의 소비에서 눈여겨봐야 하는 곳은 바로 편의점이다. 인건비 이슈와 더불어 매출 부진 이슈가 끊임없이 나왔지만 2020년 전체적인 편의점 업계의 성적표는 좋았다.[14] 코로나19로 인해 거리두기 단계가 격상될수록 편의점 매출은 오히려 올라가기 시작했다. 대형마트 등 사람들이 많이 모이는 곳을 사람들이 기피하는 현상이 벌어지면서 그 대신 집에서 가깝고 편한 동네 편의점을 찾았기 때문이다.

2020년 말 이마트24는 2020년의 키워드로 W.H.E.N을 선정했다. 각각 와인, 홈, 효율성, 뉴트로를 의미하는데, 이것은 집에 있는 시간이 길어지고 외부 술자리가 줄어들면서 사람들의 주류 소비가 맥주에서 와인으로 넘어갔음을 의미한다. 이에 따라 편의점들은 와인 코너를 별도로 만들어 팔기 시작했다. 예전이었으면 '무슨 편의점에서 와인이야'라고 넘어갔겠지

---

14 <편의점 2020년 성적은?...GS리테일 영업익 10%대 증가, BGF리테일 10%대 감소>(http://www.consumernews.co.kr/news/articleView.html?idxno=618145)

만 와인이 점점 대중화되면서 인식이 달라지기 시작했다. 물론 넘어야 할 벽이 하나 있다. 내부 인테리어다. 편의점 디자인과 와인 코너의 디자인은 서로 어울리지 않는다. 그래서 와인 코너에 나무 장식장을 놓는 등 차별화를 도입했지만 아직 갈 길은 멀고도 험해 보인다.[15] 이는 이마트24만의 변화가 아니다. CU는 2021년 1월 한시적으로 네이버페이로 와인을 결제하면 30% 할인해주는 이벤트를 진행했다. 이 이벤트는 간편 결제와 맞물려 와인 구매가 점점 편의점으로 이동하는 중이다.

편의점까지 배달 사업에 뛰어들었다. GS리테일은 '우리동네 딜리버리'란 서비스로 집 근처라면 누구나 자동차도, 자전거도, 킥보드도 필요 없이 도보로 배달해 물건을 전달하고 수익을 가져갈 수 있는 서비스를 런칭했다. 편의점에서 배달을 시킨다? 굳이 그럴 필요가 있을까? 배달시키는 물건이 많다면 충분히 수요가 생길 서비스이다. 편의점에서 판매하는 물건에는 삼각김밥뿐 아니라 생필품에서 1+1 혹은 2+1으로 살 수 있

---

15 <이마트24, 2020 키워드 'W.H.E.N'…'와인'과 '집밥'이 매출 견인>(https://biz.chosun.com/site/data/html_dir/2020/12/21/2020122102118.html)

는 물건들도 꽤 있기 때문에 다양한 물건들을 한 번에 구매한다면 소비자 입장에서 배달비를 지불하고서라도 이용할 법한 괜찮은 서비스가 된다.

물론 편의점의 성장에 장점만 있는 게 아니다. 어디까지나 잘되는 편의점은 정해져 있고, 코로나19로 인한 9시 이후의 영업 금지 등은 편의점에도 영향을 미칠 수밖에 없다. 대표적으로 24시간 영업이 논란이 되고 있다. 편의점은 24시간 영업이 당연한 것처럼 느껴지지만 점주 입장에서는 고민될 수밖에 없는 문제다. 밤새 가게를 열어놓아도 손님이 두세 명밖에 없다면 인건비가 더 나가지 않을까. 게다가 새벽에 술 취한 손님이 와서 진상까지 부린다면 더 피곤할 뿐이다.[16]

편의점주들은 심야영업을 중단하고 싶어 하지만 규정상 불가능한 곳들이 있다. 그런데 이마트24는 좀 다르다. 요즘에는 새벽에 불이 꺼진 편의점들을 꽤 볼 수 있는데 이건 이마트24가 처음부터 24시간 영업 없음, 로열티 없음, 위약금 없음이

....

16 <코로나19에 손님 뚝…편의점 '심야영업' 두고 본사vs점주 갈등>(http://biz.newdaily.co.kr/site/data/html/2020/12/23/2020122300077.html)

란 3무 정책을 내세웠기 때문이다. 덕분에 가맹점의 80%는 심야 영업을 하지 않는다. 이 해결책으로 무인 점포가 등장하기 시작했다. 사실 완전 무인이 아닌 하이브리드 점포로, 저녁 시간까지는 사람이 운영하고 새벽에는 무인으로 운영되는 방식이다.

2020년 9월 말 기준 전국 편의점 점포 수는 4만 7,000여개로 코로나19 위기 전보다 2,000개 이상 증가했다. 더 많은 점포가 등장할 것으로 예상되지만 그렇게 된다면 편의점들의 개별 수익은 줄어들 수밖에 없다. 사람들의 소비가 마트에서 편의점으로 이동이 가속화된다면 편의점은 온갖 물건을 파는 방식이 아닌 특색 있는 점포 혹은 온라인에서 구매한 물건을 가져갈 수 있는 픽업 매장 등 다양한 방식으로의 전환이 빠르게 이루어져야 할 것이다.

뉴 노멀 시대
집 안에서의 소비 변화

이번에는 집 안에서의 소비 변화에 대해 알아보자. 역시 네 가지 키워드에 주목해야 한다. 2020년부터 급부상한 배달, 라이브, 구독, OTT 서비스다.

비즈니스 트립으로 중국에 갔을 때의 일이다. 카페나 식당에서 같은 색의 옷과 헬멧을 쓴 사람들이 물건을 받아가는 모습을 보고 신기하게 생각했던 적이 있었다. 메이퇀과 어머러, 각각 파란색과 노란색을 상징으로 하는 두 회사의 배달 오토바이는 베이징과 상해는 물론 중국 대도시 곳곳을 누비고 있었다.

중국의 배달 오토바이

2020년의 우리나라는 중국과 꽤 비슷한 모습이 됐다. 2010년에 시작한 배달의민족은 이제 우리 생활 깊숙히 자리를 잡았다. 간단하게 요리해 먹을 수 있는 밀키트가 아무리 대세가 되어도, 1년 365일 집에서 요리해 먹지 않는다. 가끔은 외식을 하고 싶은데 외식을 하려니 코로나19가 무섭다. 하지만 괜찮다. 우리에게는 배달 앱이 있으니까 말이다. 코로나19로 인해 성장한 업종 중 음식 배달 서비스가 빠질 수 없다. 굳건한 국내 1위 배달 앱은 배달의민족, 2위는 요기요, 3위는 배달통이다. 이 3강 구도에서 배달의민족을 독일 회사 딜리버리히어로가 인수에 나서며 이슈가 되기도 했었다.

배달 시장의 성장은 예상되었던 수순이었다. 스마트폰으로 무엇이든 주문이 가능한 세상, 굳이 오프라인 매장을 가지 않아도 되는 날이 올 게 분명하기에 많은 점포들은 배달을 도입했거나 이미 하는 중이었다. 다만 이렇게 빨리 배달의 시대가 가속화될 줄은 아무도 몰랐을 것이다. 2019년 중국 스타벅스가 배달을 시작한다는 이야기가 이슈가 되었던 적이 있다. 스타벅스 '공간을 파는 곳', '문화를 파는 곳'이다. 전 세계 어디를 가도 거의 동일한 인테리어에 동일한 음료를 팔기에 스타벅스는 단순히 커피만 마시는 곳이 아니었다. 그런데 배달을 시작하다니, 이건 그들의 문화를 부정하는 게 아닐까? 스타벅스가 배달을 시작한 표면적인 이유는 그 당시 무섭게 시장을 장악하던 '루이싱 커피' 때문이었다. 이 회사는 처음부터 스타벅스를 타깃으로 했고, 더 저렴하고 더 많이 주며 더 맛있는 커피를 공급해왔다. 무엇보다 기본적으로 배달이 됐다. 중국 사람들은 이미 배달에 익숙한 상태였기에 두 잔을 배달시키면 두 잔무료, 다섯 잔을 배달시키면 다섯 잔 무료라는 루이싱 커피의서비스가 많이 이용될 수밖에 없었다. 그러나 스타벅스가 하려고 하는 건 단순히 루이싱 커피로 인한 수익 약화에 따른 매출 반등이 아니다. 시대의 흐름이 배달로 넘어가고 있고, 배달을 하면서도 스타벅스의 고유함을 전할 수 있을지 신중하게 생각해봐야 하는 이때, 중국은 너무나 좋은 테스트 베드였을 것이다.

2020년, 스타벅스코리아 역시 배달 사업에 뛰어들었다. 이커머스 시장에도 본격적으로 진출해 자체 앱에서 물건을 팔았고 하반기에는 현대카드와 제휴해 스타벅스 전용 카드를, SSG닷컴에서는 별도의 쇼핑 코너를 만들어 판매를 확대했다. 이미 카페라는 전통산업에 사이렌 오더, 적립과 같은 디지털 전환을 적용했던 스타벅스는 다시 한 번 코로나19 이슈를 딛고 적극적으로 움직이고 있는 중이다. PC방은 PC 대여와 음식 배달까지 뛰어들었다. 이외 크고 작은 많은 곳들이 배달을 시작하는 건 어쩌면 생존을 위한 당연한 일로 보인다. 이제 배달을 하지 않던 모든 곳들이 배달 도입을 고민할 수 밖에 없는 시기가 되었다.

이렇게 늘어나는 배달 시장은 다시 두 가지 부분에서 경쟁이 이루어지고 있다. 하나는 이커머스 업체들의 적극적인 진출, 두 번째는 배달 전문 회사들의 성장이다. 이커머스 업체들의 적극적인 진출의 선봉에는 쿠팡이 있다. 쿠팡은 2019년 5월 쿠팡이츠를 시작했다. 후발주자이지만 수입 확대를 위해 여러 곳을 들렸다가 오는 배달이 아닌 한 주문에 한곳만 가는 배달 시스템을 도입하고 더 저렴한 배달료를 서비스하거나 무료에 가까운 배달비 지원으로 지금의 배달 시장을 장악해나가고 있다. 물론 이 모든 건 고스란히 쿠팡의 적자가 된다. 배달 시장 점유율을 높이기 위한 어쩔 수 없는 선택이라고 봐야 한다.

쿠팡이 시작했다면 다른 이커머스들도 이 시장을 노리고 있지 않을까? 하지만 쉽게 움직이지 못하는 건 일정 기간 적자를 감수해야 하기 때문이다. 그렇다면 더 쉬운 방법이 있다. 바로 투자다. 배달 전문 회사들의 성장에는 거대 회사들의 투자가 있었다. 대표적인 배달 전문 회사로 배민라이더스가 있다. 이미 네이버는 2017년 배달의민족에 350억 원을 투자했고, 2020년에는 배달 전문 앱 생각대로에 400억을 투자했다.

생각대로는 국내 라이더 시장의 1~2위를 다투는 인성데이터에서 진행하는 서비스이다. 수원, 기흥 일대에서 퍼져나간 (주)달리자가 운영하는 김집사 서비스는 롯데마트, 갤러리아 백화점과의 협업을 통해 지속적으로 시장을 넓혀나가고 있다. 게다가 네이버는 2020년 하반기에 대한통운 그룹과 주식 양수도 계약을 체결했다. 네이버가 대한통운과 손을 잡은 이유는 단 하나다. 물류 분야에서의 밀접한 협업 때문이다. 네이버 쇼핑에 입점한 판매자들이 대한통운을 이용해 배송하면 혜택을 더 줄 수 있을 것이고, 앞서 투자한 생각대로와의 협업을 통해 네이버에서 주문된 제품들을 더 빠르게 배송할 수 있게 만들 수도 있을 것이다.

이런 흐름에서 주목해야 하는 부분이 있다. 쿠팡의 배달 서비스 쿠팡이츠는 음식을 배달하고 배달의민족은 음식 배달 외에 책과 생필품을 배달하기 시작했다. 정리하자면 이커머스 회사는 음식 배달에 뛰어들었고, 음식 배달 회사는 잡화 배달에 뛰어들었으니 각자 서로의 영역에 도전장을 내민 것과 같은 상황이다. 결국 이 시장에서 답을 찾아야 하는 건 배달 시간의 최소화와 앞으로 입점될 가맹점의 숫자다. 과연 이 시장에서 누가 승자가 될 수 있을까. 승자는 의외의 곳에서 나올 수도 있다. 지금까지는 배달되는 무엇에 주목했지 '배달' 자체의 서비스 경쟁은 크지 않았다. 2021년이 기대되는 이유가 바로 이것이다.

한편 집콕이 길어지면서 바뀐 문화 중 하나로 '라이브'가 있다. 앞서 이야기했던 교육만 라이브로 진행된 게 아니다. 친구들과의 만남도 랜선을 통해서 이루어졌고, 연말 연시 가족과의 만남도 아쉽지만 라이브로 진행되었다.

여기에서는 바로 라이브 커머스에 대해 이야기해보려 한다. 라이브 커머스 시장의 성장은 예견된 일이었다. 이미 중국에서는 다양한 음식과 제품은 물론 부동산, 로켓 발사권까지 라이브 쇼핑을 통해 판매할 정도로 이미 발달한 시장이다. 여기에 중국이라는 엄청난 인구 수의 구매력이 더해지면서 1분 20초 만에 5만 2,173개의 유자차가 팔리고, 5분 만에 20만 개의 음료수가 판매되기도 하는 새로운 시장으로 자리 잡았다. 중국의 라이브 커머스는 2016년에 시작됐고, 판매 규모만 1,000억 위안, 약 17조 원 이상이다. 이 어마어마한 시장은 코로나19 이슈 이후 중국 시장 살리기에 확산됐고 심지어 시진핑 주석이 2020

년 4월 타오바오에서 진행한 라이브 쇼핑에서 목이버섯 홍보를 한 뒤에는 24톤에 해당하는 버섯이 팔리기도 했다.[17] 이미 중국에서 라이브 커머스의 성장이 엄청났기에 국내에서의 성장도 예견된 일이었다. 다만 국내에서 제대로 서비스가 시작된 건 2020년 5~6월부터.

여기에 전통시장 살리기 등 중소벤처기업부의 움직임이 가속화되며 9월에서 11월까지 총 2개월 동안 577개의 소상공인의 상품이 소개되었고, 매출 역시 10억 5,200만 원까지 달하는 성과를 내기도 했다. 라이브 쇼핑의 일반적인 운영 방식은 오른쪽의 사진과 같다.

네이버 라이브 커머스

---

17 <시진핑, 버섯 판매 방송에 '깜짝등장'…라이브커머스 뭐길래>(https://www.hankyung.com/it/article/202009110800g)

언제 어디서나 방송을 볼 수 있고 시청자들은 그 물건을 바로 구매할 수 있다. 그런데 이런 방식이 새로운 형태는 아니다. 이미 홈쇼핑을 통해 우리는 실시간으로 방송을 보며 물건을 주문할 수 있었다. 그렇다면 홈쇼핑과 라이브 커머스에는 무슨 차이가 있을까? 크게 세 가지 차이가 있다. 소통, 빠른 결제, 자유도다. 먼저 소통이다. 홈쇼핑은 일방향이다. 정해진 시간 내에 물건을 팔아야 하기 때문에 쇼호스트들의 멘트는 빠르고, 자극적이다. 궁금한 게 있어도 물어볼 수 없다. 그래서 일단 주문한 후에 마음에 안 들면 환불하는 구조로 이루어져 있다. 하지만 라이브 쇼핑은 다르다. 예를 들어 신발을 판매하고 있는데, 과연 저 신발이 내가 신어도 되는 사이즈인지 궁금하다면? 이럴 때 즉시 채팅창에 올려 물어보면 된다. 너무 많은 사람이 접속했다면 바로 답변을 받을 수 없을지도 모르지만 대부분의 경우에는 충분한 소통이 이루어지기 때문에 걱정할 필요가 없다.

두 번째, 빠른 결제다. 홈쇼핑은 채널을 돌리다가 얻어 걸리는 경우가 많다. 그렇다 보니 '어, 결제해야 하는데?'라는 생각이 들면 급하게 ARS에 전화를 걸거나 카톡 친구를 맺고 주문, 혹은 홈쇼핑 앱을 설치한 후 결제를 해야 한다. 이렇게 하면 방송이 끝나버린다. 하지만 라이브 쇼핑의 결제는 쉽다. 방송을 보는 화면 밑에 상품 선택과 결제하는 부분이 있으니 바로 결제하면 된다. 방송을 보는 즉시 받을 수 있는 각종 쿠폰 혜택은 덤이다.

마지막으로 자유도다. 홈쇼핑에는 정해진 스튜디오가 있다. 스튜디오에는 방송 송출을 위한 카메라, 음향 장비 등 각종 장비들이 있다. 이 모든 것이 돈이다. 이런 이유 때문에 홈쇼핑에서 물건을 판매할 경우 약 30% 정도의 수수료가 부과된다. 물건을 파는 입장에서는 꽤 비싼 수수료이지만 이렇게밖에 할 수 없는 건 방금 살펴본 스튜디오 비용, 유료 방송이기 때문에 사업자에게 지출해야 하는 송출 수수료, 콜센터 비용 등이 복합적으로 들어간다. 게다가 방송이기에 방송법을 따라야 하고 비속어, 과장된 표현을 쓰면 안 되는 등 제재 사항이 많다. 그런데 라이브 쇼핑은 다르다. 언제 어디서나 스마트폰이 카메라가 되고, 자신이 있는 장소가 스튜디오가 된다. 이런 간편함 때문에 진입장벽은 낮지만 그만큼 경쟁이 심해지는 시장이기도 하다. 라이브 커머스의 수수료는 나중에는 변경될 수 있겠지만 네이버 3%, 카카오 10~20%, 그립 18%로 홈쇼핑에 비하면 상대적으로 낮은 비용이 들어간다.

그렇다면 어떤 회사들이 대표적으로 라이브 커머스를 이끌고 있을까. 우선적으로 살펴봐야 하는 건 네이버와 카카오다. 네이버에서 '쇼핑 라이브'라고 검색하면 지금 이 순간에도 물건을 판매하고 있는 수많은 상인들을 만날 수 있다.

네이버 쇼핑 라이브

2020년 9월에는 백화점까지 여기에 입점했었다. 고객이 오지 않는 백화점 구석구석의 매장들이 참여했고, 성과도 나쁘지 않았다. 롯데의 경우 아디다스 매장이 2억 4,000만 원의 매출을 한 번에 올렸을 정도였다.

네이버의 가장 큰 장점은 네이버라는 데 있다. 웹에서도, 모바일에서도 같은 UI의 라이브 쇼핑을 만날 수 있다. 시청에서 참여, 결제까지 과정도 동일하다. 게다가 네이버페이로 결제가 가능하기에 멤버십 서비스 이용자라면 할인 쿠폰 적용 후 추가 적립까지 기대할 수 있다. 다만 '라이브'인 건 맞지만 '누구나' 그리고 '아무 때나' 물건을 판매할 수는 없다. 네이버와 협의를 통해 정해진 시간에만 판매할 수 있으니 어떻게 보면 정해진 시간에 많은 물건의 소개와 판매가 이루어져야 한다는 압박감이 있다. 2020년의 네이버 라이브의 성과는 무척 놀라웠다. 오픈 6개월 만에 누적 시청 1억 회, 100만 명의 구매자를 돌파했다. 이 수치가 더 의미 있는 건 전체 쇼핑 라이브 판매 중 80%가 중소 상인이라는 점에 있다.

둘째 카카오다. 카카오는 네이버보다 늦은 10월 '카카오 쇼핑 라이브'를 정식 오픈했다. 카카오가 지향하는 건 웹을 제외한 '모바일 온리'다. 따라서 카카오 쇼핑 라이브는 모바일에 최적화되어 있다. 이렇다 보니 장점은 '라이브 채널'과 카카오톡 친구 추가를 해놓은 사람들이 그때그때 알람을 받고 라이브 쇼핑을 시청한 후 구매까지 이어지기도 하지만 따로 웹에서 카카오 쇼핑 라이브에서 판매하는 물건에 대한 접근은 어렵다는 게 단점이다. 이 부분이 카카오와 네이버의 차이점이다. 네이버는 웹에서 검색했을 때 네이버 쇼핑 라이브에서 판매하는 물건이거나 판매했던 물건을 연결해서 보여주고 있지만 카카오는 오직 모바일에서만 라이브 쇼핑 검색이 가능하다.

마지막으로 스타트업 회사인 그립[Grip]이 있다. 그립 역시 모바일 전문 서비스이지만 카카오와는 다르다. 카카오는 카카오톡 안에서 모든 것들이 이루어지지만, 그립은 단독 앱으로 라이브 커머스만 서비스된다. 또한 앞에서 이야기한 '라이브', '누구나', '아무 때나'에 가장 잘 맞는 서비스를 지원하는 곳이기도 하다. 물건을 판매하고자 하는 사람들은 그립에 지원할 수 있고, 통과가 되면 아주 늦은 시간대가 아니라면 언제나 방송을 할 수 있다. 스마트폰만으로 방송이 가능하기에 접속해보면 정말 다양한 판매자들을 만나게 된다.

어떤 상점은 가게 문을 닫고 한구석에서 물건을 팔고, 어떤 상점은 캠핑을 가서 고기를 구우며 고기의 질감을 보여준다. 어떤 곳은 자신의 집, 식탁 위에 물건을 올려놓고 팔기도 한다.

이렇게 확대되는 시장에서 기존 백화점과 이커머스 기업들은 독자적인 라이브 쇼

그립 라이브 커머스

핑 플랫폼 구축에 나서기 시작했다. 롯데는 '백100 live'란 이름의 서비스를 시작했고 신세계, 현대 역시 작은 회사들을 인수하며 준비를 하고 있다. 티몬은 이미 2017년부터 TV-ON 서비스를, 위메프는 유튜브 크리에이터들과 제휴를 통해 물건을 판매하고 있다.

남은 건 쿠팡이다. 쿠팡은 2020년 말 채용 공고를 통해 라

이브 커머스 사업에 뛰어들 것을 확실하게 표명했지만 네이버의 형태일지, 그립의 형태일지는 아직 공개되지 않았다. 하지만 쿠팡이 뛰어들었다는 것만으로도 모두의 관심을 집중시키고 있다.

라이브 커머스는 집콕 중인 소비자들에게 답답함에서 벗어나 '재미'와 '소통'이 가능한 '참여'를 주었다. 오프라인 매장을 운영하는 많은 판매자들에게는 매장에 오지 않는 소비자들에게 직접 다가갈 수 있는 기회를 주고 있다. 이 시장의 승자는 누가 될까? 소비자와 판매자 입장에서는 누가 승자가 되는가는 중요한 일이 아니다. 아직 누구도 제대로 시작해보지 않은 시장이기에 여기에서 새로운 기회를 발견해야 한다.

세 번째는 바로 구독 서비스이다. 구독 서비스는 매달 돈을 내고 사용하는 서비스를 말한다. 보통 물건을 살 때 조금 많은 돈을 내더라도 한 번에 구매하는 게 편하지 매달 지속적으로 돈을 내는 건 사용자 입장에서 매력적인 구매 방식이 아니다. 이런 흐름을 바꾼 것이 바로 넷플릭스다. 매달 1만 원 이하의 돈을 내면 무제한으로 영화와 드라마를 광고 없이 볼 수 있는 서비스에 사람들은 열광했고, 기꺼이 돈을 지불했다. 여기에서의 핵심은 뭘까. 다양한 콘텐츠? 기가 막힌 큐레이션? 이 두 가지는 기본이다. 모든 구독 서비스에 적용되는 절대적인 법칙 한 가지가 있다.

바로 고객들에게 '가입하지 않는 게 손해다!'라는 생각을 심게 되면 성공이 보장된다. 이 부분을 충족시키는 서비스들은 지속적으로 성장하고 그렇지 않은 회사들은 사라지게 된다. 홈코노미의 시대, 구독 서비스를 서비스에 대한 구독과 콘텐츠에 대한 구독, 두 가지로 나누어 살펴보자.

2020년 주목할 서비스를 내놓은 회사는 바로 '네이버'였다. 6월부터 선보인 '네이버 플러스 멤버십'은 월 4,900원의 금액으로 이용 가능한 서비스다. 네이버에 왜 '4,900원이나' 내야 하는 걸까? 네이버 플러스 멤버십에 가입하면 우선 구매 제품에 대한 네이버 적립 금액에 추가로 적립을 해준다.

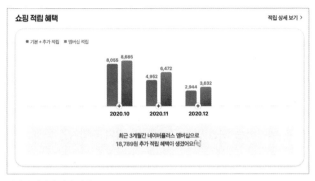

네이버 멤버십 적립 혜택

2020년 작년 10월에서 12월까지의 사용 내역을 살펴보면 월평균 5,000원 이상의 추가 적립이 이루어진 것을 볼 수 있다. 멤버십에 가입만 했는데 일단 멤버십 비용 4,900원은 뽑고도 남았다. 여기에 이어 네이버의 웹툰·시리즈를 볼 수 있는 쿠키 20개, 시리즈 온에서 영화나 드라마를 볼 수 있는 3,300캐시, 음악 서비스 바이브 300회 듣기, 클라우드 100기가 이용권, 오디오북 할인 쿠폰 3,000원 권등 다양한 서비스를 연동시켜 놨기에 네이버의 콘텐츠를 이용하는 사람이라면 '안 하면 손해'라는 생각이 들게 된다. 여기에 더해 네이버가 티빙과 손을 잡으며, 티빙 서비스를 이용할 수 있는 혜택을 옵션에 넣었다. 이외에도 네이버는 끊임없이 멤버십 서비스에 새로운 콘텐츠를 더해갈 것이 분명해 보인다.

출시 4개월 만에 네이버 멤버십 가입자는 160만 명을 넘었고, 네이버는 12월 말 기준 200만 명의 가입자를 목표로 했다. 생각해보자. 매달 200만 명에 4,900원을 곱한 금액이 네이버의 새로운 수입이다. 엄청나지 않은가?

네이버 이전에도 멤버십 돌풍을 일으킨 서비스가 있었다. 바로 쿠팡이다. 쿠팡에서 2018년 시작한 와우 클럽은 월 2,900원이라는 저렴한 금액으로 시작했다. 서비스 초기에는 사용자를 늘리기 위해서 무료 이용 베타 사용 기간이 있었는데, 한 달이었던 베타 기간은 쿠팡이 원하는 만큼 사용자가 늘어나지 않아서인지 결국 8개월까지 늘어났고, 250만 명의 충성 고객을 확보하는 성과를 올렸다. 가입에 따른 혜택은 무료 배송, 새벽 도착, 무료 환불뿐이었다. 하지만 쿠팡에서 물건을 자주 시키는 사람들의 경우 로켓 와우로 하루 만에 물건을 받아볼 수 있고 배송비까지 무료이니 물건을 시키면 시킬수록 남는 서비스라는 생각이 들게 되었다. 2020년 쿠팡은 싱가포르의 OTT 회사 '훅'을 인수한다. 그리고 5개월 후 2020년 12월 24일, 크리스마스 이브에 정식으로 '쿠팡 플레이'란 이름의 OTT 서비스를 시작했다. 오로지 쿠팡 멤버십 고객만 이용 가능한 프리미엄 서비스다. 따라서 쿠팡 플레이는 넷플릭스와 경쟁을 하려는 게 아니다. 미국 아마존 프라임 멤버십 서비스의 확장을 그대로 따라하는 것이다. 앞으로 쿠팡은 음악부터 전자책까지 콘텐츠 사업을 더욱 넓혀 갈 거라는 짐작을 해볼 수 있다.

사람들이 집에 있는 기간이 길어지면 이런 구독 서비스 역시 확대될 수밖에 없다. 게다가 구독 서비스는 특징상 한 번 가입하면 웬만해서는 끊기가 어렵다. 그리고 이제 가장 놀랍고 가장 커다란 제품을 구독하는 서비스까지 등장했다. 바로 현대자동차의 현대셀렉션이다. 2019년 서비스를 시작한 현대셀렉션은 매달 일정 금액의 돈을 내면 자동차를 바꿔 탈 수 있는 서비스다. 지금도 이용 가능한 렌탈 서비스가 아닌가. 렌탈과 구독의 차이는 렌탈은 한 번에 하나의 자동차를 타고 반납할 때마다 계약서를 다시 써야 하지만 구독 서비스는 내가 원하는 차량을 골라서 탈 수 있다는 게 다른 점이다. 약정 기간 동안에 나만 이용할 수 있다는 건 쏘카 같은 차량 공유와도 다른 개념이다.[18] 현대셀렉션은 미국과 한국, 두 곳에서 서비스를 시작했는데 2019년까지 337건이었던 결제는 2020년 10월, 839건까지 늘며 2배 이상 성장했다. 그렇다면 현대자동차는 왜 이런 서비스를 시작했을까. 소비 시장은 점점 소유에서 공유로, 공유에서 구독으로 변경되고 있는 중이다. 전 세계 자동차 구독 시장은 매년 63% 성장하고 있다. 점점 차를 사지 않는 사람이 많아질 테니, 다른 방식으로 차를 팔아야 한다면 미리 준비가 필요하다. 현대셀렉션은 새로운 방식으로 자동차 판매를 견인하기 위한 시작점이라고 봐야 한다.

그렇다면 지식을 구독하는 서비스는 어떨까. 그 어느 때보다도 정보가 넘치는 세상이 됐다. 가볍게 웃을 수 있고, 가볍게 접할 수 있는 휘발성 지식은 약하다. 깊이 있는 사고를 위해서

---

18 <현대차 구독형 서비스 '현대셀렉션' 인기몰이>(http://news.imaeil.com/
Economy/2020090913180534996)

는 깊이 있는 지식을 얻어야 하는데 그중 한 가지는 교육 부분의 강의, 다른 하나는 글, 또 다른 하나는 책이다. 책을 구독하는 서비스가 시작된 건 2018년이다. 리디북스 셀렉트, 밀리의 서재가 대표적으로 매달 1만 원 가량의 구독료로 무제한 전자책을 대여해볼 수 있는 나만의 전자 도서관 서비스를 하고 있다. 처음 시작할 때는 오프라인 서점에 비해 신간 공급량이 부족했지만 시간이 지나며 출판사들도 종이책과 전자책을 동시에 만들어 제공하는 것이 당연해졌고 새로운 신간들도 빠르게 늘어났다.

여기에서 더 확장된 시장이 글 서비스다. 글을 구독하는 서비스는 예전부터 있었다. 바로 신문이다. 스마트폰 초창기에 대부분의 신문들은 앱을 통해 서비스를 시작했지만 광고에만 수익 모델을 의존했기에, 아무리 내용이 좋아도 화면을 가득 메운 광고 기사는 독자들에게 외면 받았다. 물론 그 광고들을 감수하더라도 내용이 좋다면 읽을 텐데, 대부분 비슷비슷한 기사들이 많아 경쟁력을 가지기가 어려웠다. 아마존의 CEO 제프 베조스는 워싱턴 포스트를 인수한 후 이렇게 말했다. '광고가 나쁜 게 아니다. 나쁜 건 형편없는 기사의 내용이다.' 맞다. 하지만 광고는 여전히 보기 싫다.

그래서 여기에 초점을 맞춘 서비스들이 등장하기 시작했다. 대표적인 서비스로 퍼블리(Publy)가 있다. 퍼블리에 올라오는 일정 부분의 글은 무료로 볼 수 있지만, 더 많은 내용을 보려면 매달 돈을 내고 회원 가입을 해야 한다. 성과는 어땠을까? 2020년 퍼블리는 7,000명 이상의 유료 구독자를 확보하는 데 성공했다.

2019년 등장한 폴인(fol:in)은 조금 더 전문적인 지식에 집중했다. 오프라인, 온라인 스터디를 통해 각 분야 전문가들의 강연 내용을 정리하고, 심층 인터뷰를 통해 가치 있는 지식들로 글을 채웠다. 여기에 아날로그 감성을 살려 두 달에 한 번 종이 신문까지 배달해주며 돈을 내기에 충분한 가치가 있는 서비스로 인식되고 있다. 폴인의 구독료는 12,800원이다. 왠만한 OTT 서비스보다 비싼 금액이다. 그럼에도 불구하고 유료 구독자들이 늘어나는 건 깊이 있는 지식을 접하고 싶은 사람들이 늘어났기 때문이 아닐까?

마지막으로 콘텐츠를 제공하는 OTT^(Over The Top) 서비스에 대해 알아보자. OTT 서비스가 주목받기 시작한 건 꽤 오래전부터다. 셋톱박스를 넘어 인터넷과 함께 확산된 OTT 시장은 2020년 관심과 매출의 동반상승을 가져왔다. 이유는 단 하나, 코로나19 때문이다.

OTT의 경쟁자는 수면 시간뿐이라는 말이 나올 정도로 넷플릭스는 북미 시장에서만 32%의 점유율을 이어갔다. 국내 역시 마찬가지다. 어디까지를 OTT로 볼 수 있느냐의 논란이 있기도 하지만 넷플릭스, 유튜브, 웨이브 등 다양한 구독 서비스는 국내·국외에서 끊임없이 성장하는 중이다.

OTT의 대표주자 넷플릭스

OTT는 구독자들에게 제공하는 콘텐츠의 유형에 따라 VOD·TV·UCC로 구분할 수 있다. 이중 미리 촬영된 영상을 제공하는 주문형 비디오 VOD에 특화된 서비스는 절대 강자 넷플릭스, 이와 경쟁하는 디즈니 플러스, 국내 서비스 왓챠가 있다. TV와 VOD를 함께 제공하는 형태는 KT의 시즌(Seezn), SKT와 지상파 3사가 함께 만든 웨이브(Wave), CJ ENM의 티빙(Tving)이 있고, 유튜브나 트위치는 유저 참여형 방식인 UCC와 VOD, TV가 혼합되어 있는 형태다. 대표적인 OTT 구독 서비스들이 어떤 특징을 가지고 있는지 확인해보자.

넷플릭스

넷플릭스의 2020년 국내 유료 가입자는 330만 명이 넘었다. 매출은 5,000억 원으로 놀라운 수준이다. 가입자 증가 이유는 LG 유플러스와의 제휴를 넘어 KT와도 제휴를 맺은 결과라고 하지만 이 매출은 통신사를 통한 지출을 빼고 얻은 성과이니 더 대단한 실적이라고 볼 수 있다.

　코로나19로 인해 전 세계 영화관 개봉은 저조할 수밖에 없었고, 아예 개봉을 넷플릭스로 옮긴 영화들도 늘었다. 국내 영화들 중 <사냥의 시간>, <살아있다>, <콜>, <승리호>가 넷플릭스를 택했다. 2019년 디즈니 플러스가 정식으로 서비스를 시작하며, 마블 스튜디오의 작품들이 대거 넷플릭스에서 빠져나간 뒤 넷플릭스에 한차례 위기가 오기도 했었다. 하지만 코로나19 덕분이라고 해야 할까. 디즈니의 신작들은 촬영을 마무리하지 못한 채 연기됐다. 넷플릭스는 <하울의 움직이는 성>으로 유명한 지브리 스튜디오의 작품들과 배트맨 시리즈의 D.C와 다른 그래픽 노블 회사들과 제휴를 통해 콘텐츠를 확보했고 그 결과는 구독자 상승과 매출로 이어지게 됐다.

왓챠

국내 서비스 중 넷플릭스와 가장 유사한 서비스는 왓챠다. 2016년 영화 리뷰로 시작한 왓챠는 스트리밍 서비스로 발전했고, 넷플릭스에는 없는 <왕좌의 게임>, <체르노빌>, <이어즈 앤드 이어즈> 등의 대작들을 서비스하며 넷플릭스의 대항마가 아닌 보완제로 자리 잡았다. 2020년에는 시리즈 D 투자를 마무리

해 360억 원의 자금을 확보했고, 이를 바탕으로 왓챠 오리지
널 서비스를 시작할 예정이다.

웨이브

SKT와 방송 3사가 함께 웨이브 OTT 서비스를 시작했다. 방
송사가 함께하는 만큼 지상파·케이블·VOD 서비스를 함께 이
용할 수 있는 게 특징이다. 다만 공중파는 강하지만 종편과 케
이블 방송의 예능 프로그램보다 뉴스 위주로 서비스하는 점은
아쉽다. 웨이브의 콘텐츠 부족은 카카오와 협업을 통해 해결하
려는 중이다. 2019년 SKT와 카카오는 3,000억 원의 지분을
교환하는 협업을 맺었고 2020년 말부터 카카오 TV의 오리지
널 시리즈가 웨이브에 독점 공급되고 있다.

티빙

티빙은 앞서 이야기한 웨이브의 단점을 장점으로 가지고 온 서
비스다. tvN, Mnet, JTBC 등 종편과 케이블 예능, 뉴스, TV
실시간 채널들을 가지고 있고, 영화나 드라마 속 주인공들의

옷이나 소품들을 쇼핑몰과 연결시켜 판매로 이어지게 하는 등 다른 OTT에서 찾아볼 수 없는 서비스를 제공하고 있다. 여기에 네이버와 6,000억 규모의 주식 맞교환을 했다. 이에 네이버는 CJ ENM의 3대 주주이자, 스튜디오 드래곤의 2대 주주가 됐는데 그 후 웨이브와 카카오, 티빙과 네이버라는 대결 구조가 형성되었다. 더군다나 네이버는 2020년 말 자사가 보유한 웹툰·웹소설을 더 많이 영상화한다는 전략을 발표했다. 이 전략은 앞으로 티빙과의 연계가 기대되는 부분이기도 하다.

시즌

시즌은 KT의 올레 모바일 서비스가 이름을 변경한 서비스다. 지상파, 케이블 방송을 모두 볼 수 있으나 단점은 모바일 전용이라는 점이다. TV에서 보려면 올레 TV를 사용해야 가능하다. 따라서 넷플릭스를 구독하는 사람들이 굳이 시즌만 단독으로 이용할 일은 적어 보인다. 다른 OTT 서비스에서 볼 수 없는 서비스들도 가지고 있다. 영화, 드라마의 클립 영상을 제공하고 '마이 클립'이란 서비스로 영화, 드라마의 특정 부분을 잘라 나중에 다시 볼 수 있도록 해두었다.

2020년 12월에는 라이브 커머스 '쇼핑 라이브'가 적용됐다. 시즌은 OTT 서비스라기보다 종합플랫폼으로의 성장을 꿈꾸고 있는 것으로 보인다.

카카오TV

카카오TV는 카카오다운 서비스다. 카카오TV는 2017년 다음 티비팟과 통합 후 정식 서비스를 시작했으나, 큰 관심을 받지 못했다. 하지만 카카오TV 오리지널이 시작되면서 자신만의 색을 찾았다. 카카오TV는 앱을 다운로드하거나 카카오톡에서 # 탭을 통해 #티비 메뉴로 들어가면 볼 수 있다. 이효리가 메인으로 나오는 '페이스 ID'는 연예인의 스마트폰을 본다는 콘셉트로 세로형 콘텐츠로 제작이 됐고, 나머지 영상들도 웹 드라마를 고급화시켜 재미와 접근성을 더했다. 또한 영상을 카톡으로 쉽게 공유할 수 있어 각자의 폰에서 영상을 재생하며 대화를 나눌 수 있는 것도 큰 장점이다. 2020년 말까지 카카오TV는 별다른 광고도, 유료 결제도 없었지만 2021년부터 유료화 테스트를 하고 있다. 특이한 점은 일반적인 경우 최근 작품은 유료로 제공하고 시간이 지난 작품들은 무료로 제공하는데, 카카오TV는 새로운 '화'가 나오면 7일간은 무료로 볼 수 있고, 이후에는 편당 500원으로 7일간 볼 수 있게 제공한다는 점이다. 게다가 카카오 역시 네이버처럼 웹툰과 웹소설이란 단단한 스토리 IP를 보유 중이다. 이 두 서비스의 조합이 2021년 이후 시장 변화를 이끌어갈 것으로 보인다.

디즈니 플러스

2021년 국내 출시가 확정된 디즈니 플러스는 넷플릭스의 대항마가 될 수 있을까? 결론부터 말하자면 무리다. 국내 출시 1년 전부터 구독 중인 필자의 입장에서 디즈니 플러스의 가장 큰 장점은 디즈니, 픽사, 스타워즈, 마블, 내셔널 지오그래픽의 콘텐츠를 이용할 수 있다는 점이다. 가장 큰 단점으로는 이외에는 볼 게 없다는 점이다. 가격 면에서는 장점이 있다. 추가 과금 없이 4대 기기에서 동시 사용이 가능하고, 프로필은 일곱 개까지 지정할 수가 있는데 금액은 연간 결제 시 월 6.99달러이기에 저렴한 편이라고 할 수 있다.

넷플릭스는 철저히 성인 콘텐츠를 지향한다. 따라서 선정적이고 폭력적인 콘텐츠도 많다. 아이들을 위한 채널도 있지만 어디까지나 성인이 주 타깃이다. 디즈니는 가족 콘텐츠다. 잔인하거나 폭력적인 콘텐츠가 없는 것이 장점이자 단점이 될 수 있다. 따라서 넷플릭스를 이용하면서 디즈니 플러스를 추가로 이용하는 건 영상 콘텐츠를 많이 소비하는 구독자에겐 좋은 혜택이다. 코로나19 때문에 추가 콘텐츠를 확보하지 못했던 디즈니는 엎친 데 덮친 격으로 신작 영화마저 개봉하지 못하고 처음부터 디즈니 플러스로 개봉을 해야 하는 경우가 많았다. 그럼에도 불구하고 전 세계적으로 8,680만 명의 가입자를 확보한 디즈니이니 본격적으로 OTT 시장에서 성과를 낼 수 있는 시점은 오리지널 콘텐츠들의 출시가 준비되어 있는 2021년이 될 것이다.

쿠팡 플레이

2020년 12월 24일, 크리스마스이브에 쿠팡 플레이 정식 서비스가 시작됐다. 2020년 7월 쿠팡에서 싱가포르의 OTT 서비스 '훅'을 인수하며, 언젠가 나올 서비스로 기대했지만 2020년이 끝나기 전에 나올 거라고는 아무도 예상하지 못했다. 쿠팡 플레이는 넷플릭스는 물론 다른 OTT와도 성격이 다르다. 대부분의 서비스들은 가입자 확보를 위해 2주일 혹은 한 달 무료 제공을 하지만 쿠팡 플레이는 신규 고객 확보가 목적이 아니다. 쿠팡 플레이를 이용하기 위해서는 한 가지 조건만 충족하면 된다. 쿠팡 와우 클럽 멤버십 회원일 것.

쿠팡의 로켓 배송을 이용하기 위한 와우 클럽은 월 2,900원의 금액을 내는 구독 서비스다. 이 와우 클럽 회원들에게 쿠팡 플레이가 무료로 제공된다. 역으로 이야기하면 월 2,900원이라는, 기존 OTT 서비스에 비하면 1/3도 안 되는 금액으로 웬만한 영상들을 볼 수 있다는 이야기가 된다. 쿠팡은 왜 이런 서비스를 시작했을까?

그 이유는 쿠팡의 목표가 아시아의 아마존이 되는 것이기 때문이다. 아마존에는 프라임 멤버십 유료 고객들을 위한 아마존 비디오, 아마존 뮤직, 아마존 킨들 등 다양한 서비스가 준비되어 있다. 한 번 아마존 멤버십을 이용하면 이런 부가 혜택 때문에 쉽게 탈퇴하기가 힘들다. 기존 쿠팡 고객 중 아직 유료 멤버십에 가입하지 않은 고객들의 전환과 한 번 가입한 고객들이 떠날 수 없는 락인 효과를 쿠팡은 노리고 있다.

따라서 쿠팡 플레이 역시 넷플릭스의 대항마가 되기에는 콘텐츠, 서비스에서 모두 부족하지만 다른 영역에서의 부가 서비스라고 생각하면 괜찮은 서비스다. 물론 이건 한시적이다. 아마존 역시 부가 서비스로 비슷한 서비스를 시작했지만, 지금 아마존 비디오는 별도로 서비스되고 있는 중이다.

마무리 글
본질에 집중하라

여전히 세상은 빠르게 변하고 있다. 모든 것이 멈춘 것 같지만 멈춘 건 어쩌면 나 자신과 내 생각뿐이었는지도 모른다. 이런 불안함이 쌓이기 시작하면 마음이 급해진다. 마음이 급해지면 반드시 실수하게 된다. 그러니 한걸음 떨어져서 크게 호흡해보자.

모든 것들이 변한 것처럼 보이지만 많이 달라진 것도 사실 없다. 코로나19 이전에도 우리는 온라인으로 생필품을 배달했고, 수업을 들었고, 사람들을 만났다. 코로나19 때문에 이 변화가 빨라졌을 뿐이다. 앞에서 우리는 현재를 정확히 보자는 이야기를 했다. 현재 벌어지고 있는 일들을 이해하고 난 후에 던져야 하는 질문은 '그렇다면 내가 하는 일의 본질은 무엇일까?'이다.

또 다른 제2, 제3의 코로나19가 온다고 해도 이것은 변하지 않는다. 내 업의 본질을 바탕으로 고객과의 만남을 도울 수 있는 기술이 있다면 빠르게 적용하는 것, 본질이 먼저고 기술은 그다음이다.

After 코로나19의 시대에서 With 코로나19의 시대가 되었다. 여기서 With는 코로나19와 함께 살아간다는 의미이자 코로나19를 겪고 있는 우리 모두를 위한 With다. 코로나19 블루라는 말이 있을 만큼 불안감과 우울증을 겪는 사람들이 여전히 많다. 각자도생의 시대라 서로를 신경 쓸 여유가 없지만 그래도 오늘 마주치는 사람들에게, 전화하는 사람들에게, 온라인상이지만 잠깐이라도 모여 있는 사람들에게 따뜻한 말을 건네는 건어떨까. 평소보다 더 많은 스트레스를 받아 어딘가에 쏟아붓고 싶어도, '저 사람도 힘들겠지'라는 생각을 해보는 건 어떨까.

그래도 코로나19 덕분에 좋아진 게 있다. 평소라면 아무렇지 않았을 사람들과의 만남이 소중해졌고, 곁에 있는 사람들의 소중함을 알게 됐다. 그렇게 모두 함께 어떤 위기가 온다고 해도 뉴 노멀의 시대를 조화롭게 만들어갔으면 한다. 뉴 노멀의 시대는 이미 당신 곁에 와 있다. 아니 지금 우리와 함께 숨 쉬고 있다. 새롭게 다가오는 시대에 당신의 발걸음이 한결 가볍기를 바라본다.

찾아보기